LA LOCANDIERA

CARLO GOLDONI

LA LOCANDIERA

Edited with Introduction, Notes, Exercises,
and Vocabulary

by

VINCENT LUCIANI, Ph.D.
Professor Emeritus of Romance Languages
The City College, City University of New York

S . F . V A N N I
Publishers and Booksellers
30 West 12th Street
New York, N. Y.

PQ 4694 .L5 1965
Goldoni, Carlo, 1707-1793.
La locandiera

Copyright 1965

by

S. F. VANNI

Printed in U.S.A. by
NOBLE OFFSET PRINTERS, INC.
NEW YORK, N.Y. 10003

PREFACE

A good play in prose richly fulfils whatever aim a teacher may have in a language course after the first year. If he stresses the spoken idiom, that is, if he conforms to the current emphasis upon the development of the audio-lingual skills of understanding and speaking, the play affords an easier opportunity for conversation than the more complex narrative and descriptive prose. If he stresses the written language, it provides abundant material for translation and composition. If his aim is reading, the play generally gives the student a sense of accomplishment very early and at the same time introduces him to good literature.

It is strange, therefore, that despite the undoubted value of dramatic works in language teaching, very few Italian plays have been published for school use in the United States. *La Locandiera* is relatively simple; besides, it is preceded by a linguistic note. It could therefore be used in the second term of college and in the fourth or fifth term of high school. It is edited with an introduction, notes, exercises, and vocabulary. The introduction is on the life and work of Carlo Goldoni. The notes, placed at the foot of the page, translate for the most part the more difficult linguistic constructions and idioms. All other expressions and words are relegated to the vocabulary. The exercises can be used both in high schools and in colleges. In the text itself we adhere to the accent system quite common in Italy today: the acute accent on final *i, u,* and close *e*; and the grave accent on final *a, o,* and open *e*. As for stress, it is indicated in the vocabulary, but not in the text.

We wish to express here our gratitude to our wife Margie for her invaluable assistance in general and specifically for typing most of the manuscript.

V. L.

New York, May 1964.

INTRODUCTION

THE *COMMEDIA DELL'ARTE*

In the second half of the sixteenth century, professional Italian actors, dissatisfied with formal comedy, invented their own brand, the *commedia dell'arte* ("comedy of the acting profession"), also known as "improvised comedy" or "comedy of masks." Its distinguishing features were: 1) the use of stock characters, some wearing masks, who generally played the same fixed role; 2) the improvisation of dialogue based upon an outline or *scenario*.

The basic stock characters at the outset were the lover, the lady, the maid, the braggart captain, all unmasked, as well as four masks: Pantalone, the Doctor, and the two *zanni* or servants, Brighella and Harlequin. The first three were more or less conventional figures, except that the lady was allowed a more important role than the one she had in the regular comedy. They all spoke Tuscan and were endowed respectively with such names as: 1) Lelio, Flavio, Florindo; 2) Flaminia, Lavinia, Isabella, Rosaura; 3) Smeraldina, Colombina, Pasquetta. The braggart captain, called Capitan Spaventa, Rodomonte, Spaccamonte or other names, usually spoke a Spanish which was a bit Italianized. He afforded a fine pretext for satirizing Spanish grandiloquence and vainglory. Pantalone, an elderly Venetian merchant, was either an old-fashioned bourgeois full of common sense or a grasping miser, at times foolishly in love. The Doctor, called Graziano or Balanzon, was a Bolognese lawyer or physician, a pedantic gentleman whose Italian speech was strewn with Latin phrases. The two *zanni* or *zani* (Venetian for Gianni) hailed from Bergamo and at first spoke its dialect in the comedies. Brighella was the crafty, resourceful servant, whereas Harlequin was the foolish, lazy one. From the fusion of the two there was created a third *zanni*, the Neapolitan Pulcinella, whose ideal was the *dolce far niente* and who could readily adapt himself to any task or any role. He was later followed by a host of others, among them Truffaldino, Pedrolino, Trappolino, Scapino, the stutterer Tartaglia, the Florentine Stenterello, and the Milanese Meneghino. It must be stressed, however, that the prototypes for most of these characters are to be found in the very *commedia erudita* which the actors strove to supplant.

Before a performance of a comedy of masks, the manager of the company decided upon a plot, which he often borrowed from the regular written comedy, and he prepared a scenario which divided the play into acts and scenes and briefly indicated the course of the action. It was up to the actors themselves to improvise the dialogue. Their task was somewhat facilitated by formularies of typical speeches which they composed, set to memory, and inserted at the proper moment in the course of the play. As for the *zanni*, they spiced their comic dialogue with obscene allusions, puns, and jokes and resorted to pantomime, dancing, acrobatics, and all sorts of antics or *lazzi*.

A successful attempt to dispense with the services of authors, improvised comedy reigned supreme in Italy for close to two centuries and bequeathed to Europe the conception of a theatre with trained actors and stable companies. Troupes of players, such as I Gelosi, Gli Uniti, Gli Accesi, invaded England, France, Spain and even Russia, and their popular repertories played no small part in influencing the dramatic art of Lope de Vega, Shakespeare, and above all Molière.

CARLO GOLDONI

Carlo Goldoni (1707-93), born in Venice, manifested since early childhood a great interest in the theatre, but did not dedicate himself to it entirely until 1748. At his father's urging he pursued the study of law and after various interruptions received his degree at the University of Padua (1731). In 1734 he was employed by the Imer acting troupe to write tragedies and improvised comedies. From 1740 to 1744 he served as Genoese consul at Venice and thereafter practiced law at Pisa until 1748, when he was enticed to become the playwright for Medebac's company, which was then installed at the Venetian theatre of Sant'Angelo. By now he had realized that his true vocation was the comic theatre, and he was to devote the rest of his life to it.

The many vicissitudes of his youth and his various occupations from 1731 to 1748, all delightfully related in his *Mémoires*, afforded Goldoni ample opportunity to observe life and people. This experience convinced him that the degenerate *commedia dell'arte*, which still dominated the Venetian stage, was a gross distortion of reality, so he set about the task of reforming the Italian comic theatre. His purpose was to replace improvised comedy with regular comedies of manners and character in which all parts were written out. At first he had to make concessions to the partisans of the old comedy by retaining the masks and writing out only one or two of the actors' roles. He gradually increased the number of written parts, and in 1743 he composed *La donna di garbo*, his first play entirely without a scenario.

The period of his association with Medebac (1748-53) marks the triumph of Goldoni's reform. It was so productive a period that in one season alone (1750-51) he staged sixteen new comedies. His success, however, was somewhat marred by the rivalry with Pietro Chiari, who parodied Goldoni's plays soon after they appeared. In 1753 Goldoni left Medebac for the theatre of San Luca, owned and operated by the Vendramin brothers. In this decade (1753-62) he composed most of his best comedies, but also became the target for the criticism of another, more formidable rival, Carlo Gozzi, who championed the cause of the *commedia dell'arte* against the innovations of both Goldoni and Chiari.

In 1762 Goldoni was called to Paris to direct the "Comédie italienne," and there he remained until the end of his days (1793). In Paris he encountered difficulties due to the popularity of improvised comedy, but he did contrive to write plays for both the French and the Venetian stage. For a while he taught Italian to one of Louis XV's daughters, and in 1769 he was granted a pension by the Court. In 1787 he completed in French his famous *Mémoires*, an autobiography which constitutes an important document for the understanding of Goldoni's character and his times.

Goldoni's dramatic production consists of more than 200 plays, of which no less than 120 are comedies. Most of them are written in Italian, a goodly number in Venetian, and a few in French, for which, however, the author also prepared Italian versions. The vast majority of them are in prose, a few in verse. Some are comedies of manners, some of intrigue, some of character; but the type in which Goldoni perhaps excelled is the comedy of milieu or *commedia d'ambiente*, a choral representation of the external aspects of Venetian life, the animated life of some square with its little joys and sorrows, its petty jealousies and rivalries, its perpetual gossiping, its shortlived quarrels and quick reconciliations. It is a world of ordinary folk devoid of heroic, virile sentiments — a world dominated by women, whether charming, capricious, garrulous or wily.

Worthy of note among Goldoni's earlier plays are *La vedova scaltra* (1748) and *La putta onorata* (1748). The first paints the portrait of a clever, seductive widow, Rosaura, who contrives to test the sincerity of her four suitors — an Englishman, a Frenchman, a Spaniard, and an Italian — and discovers that only the last truly loves her. The second play, composed in dialect, contains a plot full of movement which is successfully blended into a suggestive Venetian setting. Also of interest are *La buona moglie* (1749), a sequel to *La putta onorata*; *Il cavaliere e la dama* (1749), Goldoni's first direct attack on the plague of cicibeism; and *La famiglia dell'antiquario* (1749).

Of the comedies that followed, the best ones composed in Italian include *La bottega del caffè* (1751), *La locandiera* (1753), *Gl'innamorati* (1759), *Un curioso accidente* (1760), *Le smanie per la villeggiatura* (1761), and *Il ventaglio* (1765). The setting which gives *La bottega del caffè* much of its charm is a square with its coffee-shop, the headquarters for the idle scandalmonger, Don Marzio. Here he hatches the slanders that cause infinite distress to many of the other characters until Ridolfo, the kindly shopkeeper, unmasks the villain, reconciles his victims, and restores peace and quiet in the square. *La locandiera*, Goldoni's most popular comedy, contains the brilliant character portrait of Mirandolina, the wily, witty, and coquettish mistress of the inn, who is in her glory when courted and admired. When her reign is placed in jeopardy by the arrival of a confirmed misogynist, she employs all her feminine wiles to win him and after her success exposes him to ridicule. An equally fine characterization is that of Eugenia in *Gl'innamorati*, one of Goldoni's most serious and profound plays. Eugenia is a completely irrational being without any of Mirandolina's guile and self-possession. Although deeply enamored of her Fulgenzio, she mercilessly tortures him and herself with her vain suspicions, her constant piques and caprices, and as a result very nearly ruins her life. Nevertheless, in the end she and her beloved are happily reconciled and joined in wedlock. The appeal of *Un curioso accidente* resides in its lively, amusing plot: Giannina cleverly outwits her despotic father and succeeds in marrying the French officer she loves. *Le smanie per la villeggiatura* is the first and best comedy in the trilogy which also includes *Le avventure della villeggiatura* (1761) and *Il ritorno dalla villeggiatura* (1761). It is a good-humored satire of the "villa mania," an aspect of that urge to keep up appearances which besets so many of Goldoni's characters. Here again, it is an artful, resolute young lady, Giacinta, who dominates the stage and makes her indulgent father and her jealous lover do her bidding. *Il ventaglio* is the masterpiece of the comedies of intrigue, but its artistry is enhanced by the depiction of the milieu, a village square with its various shops and characters. A fan purchased by Evaristo for his ladylove Candida passes through many a hand before it reaches its destination. Its vicissitudes gives rise to misunderstandings, jealousies, squabbles, and idle chatter which make this little world pulsate with life.

For all the excellence of these Italian plays, Goldoni is at his best in the comedies written in Venetian dialect. In *I pettegolezzi delle donne* (1751) some vulgar gossips spread the malicious tale that Checchina is an illegitimate child and later that she is the daughter of Abagiggi, an Armenian street vendor. A tragedy is fortunately averted when she meets her real father. *Il campiello* (1756) and *Le baruffe chiozzotte* (1760) are fine examples of choral comedies of milieu in each of which the protagonist is an entire square or street. The first one, written in verse, portrays the life of a little Venetian square at Carnival time. The game of lotto serves Goldoni as a splendid pretext for introducing his many characters with their love interests, their petty vanities and jealousies, and their short tempers. The setting for *Le baruffe chiozzotte* is the fishing town of Chioggia, in whose streets the women gather to make lace and gossip while their menfolk are at sea. An idle boatman's purchase of a slice of roast pumpkin for someone else's fiancée arouses jealousy of the other women, who prattle about it to the returning fishermen. Tempers run high and a riot is incited, which luckily is bloodless. All involved are summoned to the criminal court to testify. New quarrels break out, but the Coadjutor manages to reconcile all the injured parties. *La casa nova* (1761) is a brilliant comedy of manners with one of Goldoni's best first acts. It is the story of Anzoletto, who, to satisfy his vain bride's delusions of grandeur, rents a new apartment that brings him to the verge of financial ruin and prison. Fortunately, he is rescued in the nick of time by a gruff but generous uncle, Crisofolo. *I rusteghi* (1760) and *Sior Todero brontolon* (1762) are primarily comedies of character. The latter paints the portrait of a crusty, proud, miserly old merchant who tyrannizes his son and daughter-in-law but is in turn dominated by his agent. The former play, Goldoni's masterpiece, is the study of four old-fashioned cronies who rule their wives and their young with an iron hand. They arrange a marriage between the son of one of them and the daughter of another, but forbid the two to meet. Felice, the clever wife of one of the old fogeys, Canciano, contrives to have the two young people speak to each other and by her tact and good sense makes the parents see her point of view. All the characters in the play are well drawn; the crusty old codgers and their wives are subtly individualized, especially the inflexible Lunardo, the resourceful Felice, and the weak Canciano, torn between the influence of his wife and loyalty to his comrades. Other Venetian comedies of note are *Le donne de casa soa* (1755), *Le massère* (1755), and *Le morbinose* (1758), "the pleasure-seekers."

The best known of Goldoni's French plays, *Le bourru bien-*

faisant (1771), whose Italian version is called *Il burbero benefico*, contains a situation similar to that of *La casa nova*. The portrait of the surly but tender-hearted Géronte is more fully developed than that of Crisofolo, but the other characters are very pallid reflections of those in the Venetian play.

The comedies briefly analyzed above are generally considered to be Goldoni's best. There are others, however, which, though less artistic, deserve mention if only for their special interest to literary historians. Some of these plays attest to the influence exerted upon the Venetian by the cultural currents of his day. Such are, for example: *Pamela nubile* (1750), a free, successful adaptation of Richardson's famous novel; *Il filosofo inglese* (1753-54), a testimonial to the vogue of Addison's and Steele's *Spectator; Le donne curiose* (1753), which deals with Freemasonry. In other works Goldoni foreshadows the pre-romantic, sentimental *comédie larmoyante* of the latter part of the century. They include *La buona moglie* (1749), *Il vero amico* (1750), *La moglie saggia* (1752), the trilogy of Zelinda and Lindoro (1763-65), and the already mentioned *Pamela nubile*, one of the best of the type. Goldoni, furthermore, yielded to the prevailing popular taste for the exotic and the fabulous, as evidenced in *La sposa persiana* (1753) and *La Peruviana* (1754). For the latter and a few other minor plays he drew upon works of such French contemporaries as Madame de Graffigny, Marmontel, Prévost, and Voltaire himself. Yet the French were at times also indebted to him for their themes. An important case in point is *Il vero amico* (1750), a major source for Diderot's *Le fils naturel* (1757). And finally, like other playwrights of his day, Goldoni composed libretti for comic operas. The most artistic of these is probably *L'amore artigiano* (1760), whereas the best known is *Il filosofo di campagna* (1754), set to music by Baldassarre Galuppi.

Goldoni's theatre offers us an impressive gallery of figures taken from all walks of life. They are drawn with realistic simplicity, without any psychological complications, and are often well blended into a colorful milieu that is admirably depicted. The characters that are best portrayed are the older men and the young women: the various respectable Pantaloni, the intransigent fogeys, the old skinflints, the penniless noblemen, the gruff but gullible and generous uncles on the one hand; and on the other, the countless wily and vivacious maidservants, the garrulous housewives, the vain, ambitious brides, the whimsical, jealous or wilful *ingénues*, and a host of seductive, clever but sensible young ladies like Mirandolina, Felice, Giacinta, Rosaura. Goldoni regards human failings with indulgence, for he is essentially an optimist. His satire is the good-humored one of a man of common sense who believes in the golden mean. He deplores all excesses: the immoderate pursuit of pleasure, extravagant living, frivolous fashions, cicisbeism, household tyranny, and the extremes of pride, envy, avarice, and indolence. His major theme is the conflict between the old and the new, a theme he has bequeathed to succeeding Venetian playwrights, notably Gallina. A liberal conservative, Goldoni opposes both the excessive freedom of the young generation and the austerity of the old customs and favors a more or less middle course.

SELECTED BIBLIOGRAPHY

Apollonio, Mario. *Storia della Commedia dell'Arte.* Rome, Augustea, 1930.

Apollonio, Mario. *L'opera di Carlo Goldoni.* Milan, Edizioni Athena, 1932.

Chatfield-Taylor, Hobart C. *Goldoni: A Biography.* New York, Duffield and Co., 1913.

Dazzi, Manlio, et alii. "Carlo Goldoni," in *Enciclopedia dello Spettacolo,* vol. V. (Rome, Casa Editrice Le Maschere, 1958).

De Sanctis, G. B. *Carlo Goldoni: Saggio monografico.* Padua, Editoria Liviana, 1948.

Kennard, Joseph S. *Goldoni and the Venice of His Time.* New York, The Macmillan Co., 1920.

Lea, K. M. *Italian Popular Comedy. A Study in the Commedia dell'Arte,* 1560-1620, with Special Reference to the English Stage. 2 vols. Oxford, Clarendon Press, 1934.

Momigliano, Attilio. *Primi studi goldoniani.* Florence, F. Perrella, 1922.

Momigliano, Attilio. *Saggi goldoniani.* Bari, G. Laterza & Figli, 1959.

Natali, Giulio. *Il Settecento.* 4th ed. Vol. II. Milan, F. Vallardi, 1955.

Ortolani, Giuseppe. *Della vita e dell'arte di Carlo Goldoni.* Venice, Istituto Veneto di Arti Grafiche, 1907.

Ortolani, Giuseppe. "Carlo Goldoni," in *Enciclopedia italiana di scienze, lettere ed arti,* vol. XVII (Milan-Rome, Istituto Giovanni Treccani, 1933).

Petraccone, Enzo. *La Commedia dell'Arte: Storia — Tecnica — Scenari.* Naples, R. Ricciardi, 1927.

Rho, Edmondo. *La missione teatrale di Carlo Goldoni: Storia del teatro goldoniano.* Bari, G. Laterza & Figli, 1936.

Sanesi, Ireneo. *La Commedia.* 2d ed., revised and enlarged. Vol. II. Milan, F. Vallardi, 1954.

One may also consult with profit the chapters on Goldoni in the histories of Italian literature by Francesco Flora, Attilio Momigliano, Arturo Pompeati, Vittorio Rossi, Natalino Sapegno, and Ernest H. Wilkins.

CARLO GOLDONI

LA LOCANDIERA

Commedia in tre Atti in Prosa

Rappresentata per la prima volta in Venezia nel Carnevale dell'anno 1753

PERSONAGGI:

Il Cavaliere di RIPAFRATTA
Il Marchese di FORLIPOPOLI
Il Conte d'ALBAFIORITA
MIRANDOLINA, locandiera
ORTENSIA ⎫
DEJANIRA ⎭ comiche
FABRIZIO, cameriere di locanda
Servitore del Cavaliere
Servitore del Conte

La scena si rappresenta in Firenze, nella locanda di Mirandolina

LINGUISTIC NOTE

Goldoni's language, although for the most part comprehensible to the modern cultured Italian, contains many Tuscan grammatical forms now considered archaic or at least obsolescent. Such are the following: 1) the frequency of inversions (e.g., *parmi* for *mi pare*); 2) the pronounced use of *-a* for *-o* for the first person singular of the imperfect indicative; 3) the verb forms *sostenghiate, vagliono, vo'* for *sosteniate, valgono, voglio* respectively; 4) *di lui, di lei,* for *suo*. One should also note the colloquial Tuscan use of the pronoun *gli* for *li*, the article *l'* for *le* before feminine plurals beginning with any vowel, the rare *ei* for *egli*, the even rarer *vi vuole* for *ci vuole*. Other peculiarities of Goldoni's idiom belong to the lexicon and are mostly of Venetian or French origin. Among the Venetianisms are the redundant use of *che* (common enough also in Tuscan) and *ancora, arcova, calzolaro, dispiacenza, effeminato, gocciola* for *anche, alcova, calzolaio, dispiacere, donnaiolo, goccia* respectively. Among the few Gallicisms may be listed *capo d'opera* (= *capolavoro*), *obbligante* (= *affabile,*) and possibly *permissione* (= *permesso*).

ATTO PRIMO

SCENA PRIMA

Sala di locanda

Il Marchese di Forlipopoli, *ed il* Conte di Albafiorita.

Marchese. Fra voi e me, vi è qualche differenza.
Conte. Sulla locanda[1] tanto vale il vostro denaro quanto vale il mio.
Marchese. Ma se la locandiera usa a me delle distinzioni, mi si convengono piú che a voi.
Conte. Per qual ragione?
Marchese. Io sono il Marchese di Forlipopoli.
Conte. Ed io sono il Conte d'Albafiorita.
Marchese. Sí, conte. Contea comprata.
Conte. Io ho comprata la Contea, quando voi avete venduto il Marchesato.
Marchese. Oh basta: son chi sono, e mi si deve portar rispetto.
Conte. Chi ve lo perde il rispetto? Voi siete quello che con troppa libertà parlando...
Marchese. Io sono in questa locanda, perché amo la locandiera. Tutti lo sanno, e tutti devono rispettare una giovane che piace a me.
Conte. Oh quest'è bella![2] Voi mi vorreste impedire ch'io amassi Mirandolina? Perché credete ch'io sia in Firenze? Perché credete ch'io sia in questa locanda?
Marchese. Oh bene. Voi non farete niente.
Conte. Io no, e voi sí.
Marchese. Io sí, e voi no. Io son chi sono. Mirandolina ha bisogno della mia protezione.[3]
Conte. Mirandolina ha bisogno di denari e non di protezione.
Marchese. Denari?... non ne mancano.
Conte. Io spendo un zecchino[4] il giorno, signor Marchese, e la regalo continuamente.

---

[1] *Sulla locanda* = *nella locanda*
[2] "Oh, that's a good one!"
[3] The word *protezione* means "influence," "prestige." That is all the impoverished Marquis can offer Mirandolina.
[4] The *zecchino* ("sequin"), a gold Venetian coin worth about 12 liras (over $2.00). One now uses *uno* before a z.

MARCHESE. Ed io quel che fo non lo dico.
CONTE. Voi non lo dite, ma già si sa.
MARCHESE. Non si sa tutto.
CONTE. Sí, caro signor Marchese, si sa. I camerieri lo dicono. Tre paoletti[5] il giorno.
MARCHESE. A proposito di camerieri: vi è quel cameriere che ha nome Fabrizio: mi piace poco. Parmi che la locandiera lo guardi assai di buon occhio.
CONTE. Può essere che lo voglia sposare. Non sarebbe cosa mal fatta. Sono sei mesi che è morto il di lei padre. Una giovane sola alla testa di una locanda si troverà imbrogliata. Per me, se si marita, le ho promesso trecento scudi.
MARCHESE. Se si mariterà, io sono il suo protettore, e farò io... E so io quello che farò.
CONTE. Venite qui: facciamola da buoni amici.[6] Diamole trecento scudi per uno.
MARCHESE. Quel ch'io faccio, lo faccio segretamente, e non me ne vanto. Son chi sono. Chi è di là? (*chiama*)
CONTE. (Spiantato! povero e superbo!).

SCENA II

FABRIZIO, *e detti*.[7]

FABRIZIO (*al Marchese*). Mi comandi, signore.
MARCHESE. Signore? Chi ti ha insegnato le creanze?
FABRIZIO. La perdoni.
CONTE (*a Fabrizio*). Ditemi: come sta la padroncina?
FABRIZIO. Sta bene, illustrissimo.
MARCHESE. È alzata dal letto?
FABRIZIO. Illustrissimo sí.
MARCHESE. Asino.
FABRIZIO. Perché, illustrissimo signore?
MARCHESE. Che cosa è questo illustrissimo!
FABRIZIO. È il titolo che ho dato anche a quell'altro cavaliere.
MARCHESE. Tra lui e me, vi è qualche differenza.
CONTE (*a Fabrizio*). Sentite?

---

[5] "Three measly *paoli* a day." The *paolo* was an old Tuscan coin worth only a few cents.
[6] "let's settle it like good friends."
[7] "Fabrizio, and the above-mentioned."

FABRIZIO (*piano al Conte*). (Dice la verità. Ci è differenza: me ne accorgo nei conti).
MARCHESE. Di' alla padrona che venga da me, ché le ho da parlare.
FABRIZIO. Eccellenza sí. Ho fallato questa volta?
MARCHESE. Va bene. Sono tre mesi che lo sai: ma sei un impertinente.
FABRIZIO. Come comanda, eccellenza.
CONTE. Vuoi vedere la differenza che passa fra il Marchese e me?
FABRIZIO. Che vorreste dire?
CONTE. Tieni. Ti dono un zecchino. Fa' che anch'egli te ne doni un altro.
FABRIZIO (*al Conte*). Grazie, illustrissimo; (*al Marchese*) Eccellenza....
MARCHESE. Non getto il mio come i pazzi. Vattene.
FABRIZIO (*al Conte*). Illustrissimo signore, il cielo la benedica. Eccellenza. (Rifinito. Fuori del suo paese non vogliono esser titoli per farsi stimare, vogliono esser quattrini).[8] (*parte*)

SCENA III

Il MARCHESE, *ed il* CONTE.

MARCHESE. Voi credete di soverchiarmi con i regali, ma non farete niente. Il mio grado val di piú di tutte le vostre monete.
CONTE. Io non apprezzo quel che vale, ma quello che si può spendere.
MARCHESE. Spendete pure a rotta di collo. Mirandolina non fa stima di voi.
CONTE. Con tutta la vostra gran nobiltà, credete voi di essere da lei stimato? Vogliono esser denari.
MARCHESE. Che denari? Vuol esser protezione. Esser buono, in un incontro, di far un piacere.
CONTE. Sí, esser buoni in un incontro di prestar cento doppie.[9]
MARCHESE. Farsi portar rispetto bisogna.
CONTE. Quando non mancano denari tutti rispettano.
MARCHESE. Voi non sapete quel che dite.
CONTE. L'intendo meglio di voi.

---

[8] "Outside one's native town it does not take titles to be regarded, it takes money."
[9] The *doppia* ('doubloon"), a gold coin varying in value. It was worth as much as 37 liras (at least $7.00).

SCENA IV

Il Cavaliere di Ripafratta *dalla sua camera, e detti.*

Cavaliere. Amici, che cos'è questo rumore? Vi è qualche dissensione fra di voi altri?
Conte. Si disputava sopra un bellissimo punto.
Marchese (*ironico*). Il Conte disputa meco sul merito della nobiltà.
Conte. Io non levo il merito alla nobiltà, ma sostengo che, per cavarsi dei capricci, vogliono esser denari.
Cavaliere. Veramente, Marchese mio....
Marchese. Orsú, parliamo d'altro.
Cavaliere. Perché siete venuti a simil contesa?
Conte. Per un motivo il piú ridicolo della terra.
Marchese. Sí, bravo! Il Conte mette tutto in ridicolo.
Conte. Il signor Marchese ama la nostra locandiera. Io l'amo ancor piú di lui. Egli pretende corrispondenza come un tributo alla sua nobiltà. Io la spero come una ricompensa alle mie attenzioni. Pare a voi che la questione non sia ridicola?
Marchese. Bisogna sapere con quanto impegno io la proteggo.
Conte (*al Cavaliere*). Egli la protegge ed io spendo.
Cavaliere. In verità non si può contendere per ragione alcuna chi lo meriti meno. Una donna vi àltera? vi scompone? Una donna? che cosa mai mi conviene sentire! Una donna? Io, certamente, non vi è pericolo che per le donne abbia che dir con nessuno. Non le ho mai amate, non le ho mai stimate, e ho sempre creduto che sia la donna per l'uomo una infermità insopportabile.
Marchese. In quanto a questo, poi, Mirandolina ha un merito straordinario.
Conte. Sin qua il signor Marchese ha ragione. La nostra padroncina della locanda è veramente amabile.
Marchese. Quando l'amo io, potete credere che in lei vi sia qualche cosa di grande.
Cavaliere. In verità mi fate ridere. Che mai può avere di stravagante costei che non sia comune all'altre donne?
Marchese. Ha un tratto nobile, che incatena.
Conte. È bella, parla bene, veste con pulizia, è di ottimo gusto.
Cavaliere. Tutte cose che non vagliono[10] un fico. Sono tre giorni ch'io sono in questa locanda, e non mi ha fatto specie veruna.[11]
Conte. Guardatela, e forse ci troverete del buono.

---

[10] *Vagliono* is now *valgono*.
[11] "I've been in this inn for three days and she hasn't made any impression upon me."

CAVALIERE. Eh pazzia! L'ho veduta benissimo. È una donna come l'altre.[12]

MARCHESE. Non è come l'altre, ha qualche cosa di piú. Io che ho praticato le prime dame, non ho trovato una donna che sappia unire, come questa, la gentilezza e il decoro.

CONTE. Cospetto di bacco! Io son sempre stato solito trattar donne; ne conosco i difetti ed il loro debole. Pure con costei, non ostante il mio lungo corteggio, e le tante spese per essa fatte, non ho potuto toccarle un dito.

CAVALIERE. Arte, arte sopraffina. Poveri gonzi! Le credete, eh! A me non la farebbe. Donne? alla larga tutte quante elle sono.

CONTE. Non siete mai stato innamorato?

CAVALIERE. Mai, né mai lo sarò. Hanno fatto il diavolo per darmi moglie, né mai l'ho voluta.

MARCHESE. Ma siete unico della vostra casa: non volete pensare alla successione?

CAVALIERE. Ci ho pensato piú volte, ma quando considero che per avere figliuoli mi converrebbe soffrire una donna, mi passa subito la volontà.

CONTE. Che volete fare delle vostre ricchezze?

CAVALIERE. Godermi quel poco che ho, con i miei amici.

MARCHESE. Bravo, Cavaliere, bravo; ci godremo.

CONTE. E alle donne non volete dar nulla?

CAVALIERE. Niente affatto. A me non ne mangiano sicuramente.

CONTE. Ecco la nostra padrona. Guardatela se non è adorabile.

CAVALIERE. Oh la bella cosa! Per me stimo piú di lei quattro volte un bravo cane da caccia.

MARCHESE. Se non la stimate voi, la stimo io.

CAVALIERE. Ve la lascio, se fosse piú bella di Venere.

SCENA V

MIRANDOLINA *e detti.*

MIRANDOLINA. M'inchino a questi cavalieri. Chi mi domanda di lor signori?

MARCHESE. Io vi domando, ma non qui.

MIRANDOLINA. Dove mi vuole, eccellenza?

MARCHESE. Nella mia camera.

MIRANDOLINA. Nella sua camera? Se ha bisogno di qualche cosa, verrà il cameriere a servirla.

---

[12] Today one would say *le altre.*

MARCHESE (*al Cav.*). (Che dite di quel contegno?)
CAVALIERE (*al Marchese*). (Quello che chiamate contegno, io lo chiamerei temerità, impertinenza.)
CONTE. Cara Mirandolina, io vi parlerò in pubblico, non vi darò l'incomodo di venire nella mia camera. Osservate questi orecchini. Vi piacciono?
MIRANDOLINA. Belli.
CONTE. Sono diamanti, sapete?
MIRANDOLINA. Oh li conosco. Me n'intendo anch'io di diamanti.
CONTE. E sono al vostro comando.
CAVALIERE (*piano al Conte*). (Caro amico, voi li buttate via.)
MIRANDOLINA. Perché mi vuol ella donare quegli orecchini?
MARCHESE. Veramente sarebbe un gran regalo! Ella ne ha de' piú belli al doppio.
CONTE. Questi son legati alla moda. Vi prego riceverli per amor mio.
CAVALIERE. (Oh che pazzo!)
MIRANDOLINA. No, davvero, signore....
CONTE. Se non li prendete, mi disgustate.
MIRANDOLINA. Non so che dire.... mi preme tenermi amici gli avventori della mia locanda. Per non disgustare il signor Conte, li prenderò.
CAVALIERE. (Oh che forca!)[13]
CONTE (*al Cav.*). Che dite di quella prontezza di spirito?
CAVALIERE. (Bella prontezza! Ve li mangia, e non vi ringrazia nemmeno.)
MARCHESE. Veramente, signor Conte, vi siete acquistato un gran merito. Regalare una donna in pubblico per vanità! Mirandolina, vi ho da parlare a quattr'occhi, fra voi e me; son cavaliere.
MIRANDOLINA. (Che arsura! Non glie ne cascano.)[14] Se altro non mi comandano, io me n'andrò.
CAVALIERE (*con disprezzo*). Ehi! Padrona. La biancheria che mi avete dato, non mi gusta. Se non avete di meglio, mi provvederò.
MIRANDOLINA. Signore, ve ne sarà di meglio. Sarà servito, ma mi pare che la potrebbe chiedere con un poco di gentilezza.
CAVALIERE. Dove spendo il mio danaro non ho bisogno di far complimenti.
CONTE (*a Mirandolina*). Compatitelo. Egli è nemico capitale delle donne
CAVALIERE. Eh, che non ho bisogno di essere da lei compatito.

---

[13] "(Oh, what a hussy!)"
[14] "(What stinginess! You can't get anything from him.)" The double object pronouns *glielo, gliela, gliene*, etc., are occasionally separated into *glie lo, glie la, glie ne*, etc.

MIRANDOLINA. Povere donne!' che cosa le hanno fatto? Perché cosí crudele con noi, signor Cavaliere?
CAVALIERE. Basta cosí. Con me non vi prendete maggior confidenza. Cambiatemi la biancheria. La manderò a prendere pel servitore. Amici, vi sono schiavo.[15] (*parte*)

SCENA VI

Il MARCHESE, *il* CONTE *e* MIRANDOLINA.

MIRANDOLINA. Che uomo selvatico! Non ho veduto il compagno.[16]
CONTE. Cara Mirandolina, tutti non conoscono il vostro merito.
MIRANDOLINA. In verità, son cosí stomacata del suo mal procedere che or ora lo licenzio addirittura.
MARCHESE. Sí, e se non vuol andarsene, ditelo a me, che lo farò partire immediatamente. Fate pur uso della mia protezione.
CONTE. E per il denaro che aveste a perdere, io supplirò, e pagherò tutto. (Sentite, mandate via anche il Marchese, ché pagherò io.)
MIRANDOLINA. Grazie, signori miei, grazie. Ho tanto spirito che basta per dire ad un forestiere ch'io non lo voglio; e circa all'utile, la mia locanda non ha mai camere in ozio.

SCENA VII

FABRIZIO *e detti.*

FABRIZIO (*al Conte*). Illustrissimo, c'è uno che la domanda.
CONTE. Sai chi sia?
FABRIZIO. Credo ch'egli sia un legatore di gioie. (*piano a Mirandolina*) (Mirandolina, giudizio, qui non istate bene.[17]) (*parte*)
CONTE. Oh sí, mi ha da mostrare un gioiello. Mirandolina, quegli orecchini voglio che gli accompagniamo.
MIRANDOLINA. Eh no, signor Conte....
CONTE. Voi meritate molto, ed io i denari non gli stimo niente.[18] Vado a vedere questo gioiello. Addio, Mirandolina: signor Marchese, la riverisco. (*parte*)

---

[15] "Friends, by your leave." This *schiavo* is supposed to be the etymology of modern *ciao*.
[16] "I've never seen his equal."
[17] A word beginning with an impure *s* and preceded by *non* or by a preposition ending in a consonant may take a prosthetic *i* for the sake of euphony. There are other examples in the text.
[18] An object noun may be repeated by an object pronoun in colloquial speech. *Gli* is often used for *li* in Tuscan.

SCENA VIII

Il Marchese *e* Mirandolina.

Marchese. (Maledetto Conte! Con questi suoi denari mi ammazza.)
Mirandolina. In verità il signor Conte s'incomoda troppo.
Marchese. Costoro hanno quattro soldi,[19] e gli spendono per vanità, per albagia, Io gli conosco, so il viver del mondo.
Mirandolina. Eh il viver del mondo lo so ancor io.
Marchese. Pensano che le donne della vostra sorta si vincano con i regali.
Mirandolina. I regali non fanno male allo stomaco.
Marchese. Io crederei di farvi un'ingiuria, cercando di obbligarvi con i donativi.
Mirandolina. Oh certamente il signor Marchese non mi ha ingiuriato mai.
Marchese. E tali ingiurie non ve le farò.
Mirandolina. Lo credo sicurissimamente.
Marchese. Ma, dove posso, comandatemi.
Mirandolina. Bisognerebbe ch'io sapessi in che cosa può vostra Eccellenza.
Marchese. In tutto. Provatemi.
Mirandolina. Ma, verbigrazia, in che?
Marchese. Per bacco! Avete un merito che sorprende.
Mirandolina. Troppe grazie, Eccellenza.
Marchese. Ah! direi quasi uno sproposito. Maledirei quasi la mia Eccellenza.
Mirandolina. Perché, signore?
Marchese. Qualche volta mi auguro di essere nello stato del Conte.
Mirandolina. Per ragione forse de' suoi denari?
Marchese. Eh! Che denari? Non gli stimo un fico. Se fossi un Conte ridicolo come lui....
Mirandolina. Che cosa farebbe?
Marchese. Cospetto del diavolo.... vi sposerei. (*parte*)

---

[19] The numerals *due* and *quattro* may be used in the indeterminate sense of "a few": cf. *due parole, due passi, quattro gatti, quattro salti.*

SCENA IX

MIRANDOLINA *sola*.

Uh, che mai ha detto! L'eccellentissimo signor Marchese Arsura mi sposerebbe? Eppure se mi volesse sposare, vi sarebbe una piccola difficoltà. Io non lo vorrei. Mi piace l'arrosto e del fumo non so che farne.[20] Se avessi sposati tutti quelli che hanno detto volermi, oh avrei pure tanti mariti! Quanti arrivano a questa locanda, tutti di me s'innamorano, tutti mi fanno i cascamorti; e tanti e tanti mi esibiscono di sposarmi addirittura. E questo signor Cavaliere, rustico come un orso, mi tratta sí bruscamente? Questi è il primo forestiere capitato alla mia locanda, il quale non abbia avuto piacere di trattare con me. Non dico che tutti in un salto s'abbiano a innamorare; ma disprezzarmi cosí, è una cosa che mi muove la bile terribilmente. È nemico delle donne? Non le può vedere? Povero pazzo! Non avrà ancora trovato quella che sappia fare.[21] Ma la troverà. La troverà. E chi sa che non l'abbia trovata? Con questi per l'appunto mi ci metto di picca.[22] Quei che mi corrono dietro, presto presto m'annoiano. La nobiltà non fa per me. La ricchezza la stimo e non la stimo. Tutto il mio piacere consiste in vedermi servita, vagheggiata, adorata. Questa è la debolezza di quasi tutte le donne. A maritarmi non ci penso nemmeno; non ho bisogno di nessuno; vivo onestamente, e godo la mia libertà. Tratto con tutti, ma non m'innamoro mai di nessuno. Voglio burlarmi di tante caricature d'amanti spasimanti; e voglio usar tutta l'arte per vincere, abbattere e conquassare quei cuori barbari e duri, che son nemici di noi, che siamo la miglior cosa che abbia prodotto al mondo la bella madre natura.[23]

SCENA X

FABRIZIO *e detta*.

FABRIZIO. Ehi, padrona.
MIRANDOLINA. Che cosa c'è?
FABRIZIO. Quel forestiere che è alloggiato nella camera di mezzo, grida della biancheria; dice che è ordinaria e che non la vuole.

---

20 "I like substantial things, but I have no use for the unsubstantial." Cf. the proverb *Molto fumo e poco arrosto*, "Much ado about nothing."
21 "Doubtless he has not found one who knows how to go about winning him."
22 "It is precisely with such fellows that I'm going to match my wits."
23 This speech gives the clue to Mirandolina's character.

MIRANDOLINA. Lo so, lo so. Lo ha detto anche a me, e lo voglio servire.
FABRIZIO. Benissimo. Venitemi dunque a metter fuori la roba, ché gliela possa portare.
MIRANDOLINA. Andate, andate, gliela porterò io.
FABRIZIO. Voi gliela volete portare?
MIRANDOLINA. Sí, io.
FABRIZIO. Bisogna che vi prema molto questo forestiere.
MIRANDOLINA. Tutti mi premono. Badate a voi.
FABRIZIO. (Già me n'avvedo. Non faremo niente. Ella mi lusinga, ma non faremo niente.)
MIRANDOLINA. (Povero sciocco! Ha delle pretensioni. Voglio tenerlo in isperanza perché mi serva con fedeltà.)
FABRIZIO. Si è sempre costumato che i forestieri gli serva io.
MIRANDOLINA. Voi con i forestieri siete un poco troppo ruvido.
FABRIZIO. E voi siete un poco troppo gentile.
MIRANDOLINA. So quel che fo, non ho bisogno di correttori.
FABRIZIO. Bene, bene. Provvedetevi di cameriere.
MIRANDOLINA. Perché, signor Fabrizio? è disgustato di me?[24]
FABRIZIO. Vi ricordate voi, che cosa ha detto a noi due vostro padre, prima ch'egli morisse?
MIRANDOLINA. Sí; quando mi vorrò maritare, mi ricorderò di quel che ha detto mio padre.
FABRIZIO. Ma io son delicato di pelle,[25] certe cose non le posso soffrire.
MIRANDOLINA. Ma che credi tu ch'io mi sia?[25a] Una frasca? Una civetta? Una pazza? Mi meraviglio di te. Che voglio fare io dei forestieri che vanno e vengono? Se gli tratto bene, lo fo per mio interesse, per tener in credito la mia locanda. De' regali non ne ho bisogno: per far all'amore uno mi basta, e questo non mi manca; e so chi merita, e so quello che mi conviene. E quando vorrò maritarmi.... mi ricorderò di mio padre. E chi avrà servito bene, non potrà lagnarsi di me. Son grata. Conosco il merito.... Ma io non son conosciuta. Basta, Fabrizio, intendetemi, se potete.

(parte)

FABRIZIO. Chi può intenderla è bravo davvero. Ora pare che la[26] mi voglia, ora che la non mi voglia. Dice che non è una frasca, ma vuol fare a suo modo. Non so che dire. Staremo a vedere. Ella

---

[24] "Are you angry with me?"
[25] "But I'm sensitive."
[25a] The *mi* with *essere* is intensive and should not be translated.
[26] The Tuscan form *la* is colloquial for *ella*.

mi piace, le voglio bene, accomoderei con essa i miei interessi per tutto il tempo di vita mia. Ah! bisogna chiuder un occhio, e lasciar correr qualche cosa. Finalmente i forestieri vanno e vengono. Io resto sempre. Il meglio sarà sempre per me.

SCENA XI

Il CAVALIERE, *ed un* SERVITORE.

SERVITORE. Illustrissimo, hanno portato questa lettera.
    (*il servitore parte*)
CAVALIERE. Portami la cioccolata. (*Il Cavaliere apre la lettera*) *Siena, primo gennaio 1753* (Chi scrive?) *Orazio Taccagni. Amico carissimo. La tenera amicizia che a voi mi lega, mi rende sollecito ad avvisarvi esser necessario il vostro ritorno in patria. È morto il Conte Manna...* (povero Cavaliere! me ne dispiace). *Ha lasciato la sua unica figlia nubile erede di cento cinquanta mila scudi. Tutti gli amici vostri vorrebbero che toccasse a voi una tal fortuna, e vanno maneggiando....* Non s'affatichino per me, che non ne voglio saper nulla. Lo sanno pure, che io non voglio donne per i piedi. E questo mio caro amico, che lo sa piú d'ogni altro, mi secca peggio di tutti. (*straccia la lettera*) Che importa a me di cento cinquanta mila scudi? Finché son solo, mi basta meno. Se fossi accompagnato, non mi basterebbe assai piú. Moglie a me! Piuttosto una febbre quartana.

SCENA XII

Il MARCHESE *e detto.*

MARCHESE. Amico, vi contentate ch'io venga a stare un poco con voi?
CAVALIERE. Mi fate onore.
MARCHESE. Almeno fra me e voi possiamo trattarci con confidenza; ma quel somaro del Conte non è degno di stare in conversazione con noi.
CAVALIERE. Caro Marchese, compatitemi; rispettate gli altri, se volete essere rispettato voi pure.
MARCHESE. Sapete il mio naturale. Io fo le cortesie a tutti, ma colui non lo posso soffrire.
CAVALIERE. Non lo potete soffrire, perché vi è rivale in amore. Vergogna! Un Cavaliere della vostra sorte innamorarsi di una locandiera! Un uomo savio, come siete voi, correr dietro a una donna!

MARCHESE. Cavaliere mio, costei mi ha stregato.
CAVALIERE. Oh! Pazzie, debolezze! Che stregamenti? Che vuol dire, che le donne non mi stregheranno?[27] Le loro fattucchierie consìstono nei loro vezzi, nelle loro lusinghe, e chi ne sta lontano, come fo io, non ci è pericolo che si lasci ammaliare.
MARCHESE. Basta; ci penso, e non ci penso; quel che mi dà fastidio e che m'inquieta è il mio fattor di campagna.
CAVALIERE. Vi ha fatto qualche porcheria?
MARCHESE. Mi ha mancato di parola.

SCENA XIII

Il SERVITORE *con una cioccolata e detti.*

CAVALIERE. Oh mi dispiace.... (*al servitore*) Fanne subito un'altra.
SERVITORE. In casa per oggi non ce n'è altra, illustrissimo.
CAVALIERE. Bisogna che ne provveda. (*al Marchese*) Se vi degnate di questa...
MARCHESE (*prende la cioccolata, e si mette a berla senza complimenti, seguitando poi a discorrere, e bere come segue*).
Questo mio fattore, come io vi diceva.... (*beve*)
CAVALIERE. (Ed io resterò senza).
MARCHESE. Mi aveva promesso mandarmi con l'ordinario....[27a] (*beve*) venti zecchini.... (*beve*)
CAVALIERE. (Ora viene con una seconda stoccata).
MARCHESE. E non me li ha mandati.... (*beve*)
CAVALIERE. Li manderà un'altra volta.
MARCHESE. Il punto sta.... Il punto sta... (*finisce di bere*). Tenete. (*dà la chicchera al servitore*) Il punto sta che sono in un grande impegno, e non so come fare.
CAVALIERE. Otto giorni piú, otto giorni meno....
MARCHESE. Ma voi, che siete Cavaliere, sapete quel che vuol dire il mantener la parola. Sono in impegno, e.... corpo di bacco! Darei delle pugna in cielo.[28]
CAVALIERE. Mi dispiace di vedervi scontento. (Se sapessi come uscirne con riputazione).
MARCHESE. Voi avreste difficoltà per otto giorni di farmi il piacere?

---

[27] "Does that mean women will not bewitch me?" The first *che* is pleonastic and must not be translated.
[27a] "by mail."
[28] "I'm at my wit's end." *I pugni*, "fists," is more common than the now rare *le pugna*.

CAVALIERE. Caro Marchese, se potessi, vi servirei di cuore: se ne avessi, ve li avrei esibiti addirittura. Ne aspetto, e non ne ho.
MARCHESE. Non mi darete d'intendere d'esser senza denari.
CAVALIERE. Osservate. Ecco tutta la mia ricchezza. Non arrivano a due zecchini. (*mostra uno zecchino e varie monete*)
MARCHESE. Quello è uno zecchino d'oro.
CAVALIERE. Sí; è l'ultimo, non ne ho piú.
MARCHESE. Prestatemi quello, ché vedro intanto....
CAVALIERE. Ma io poi....
MARCHESE. Di che avete paura? Ve lo renderò.
CAVALIERE. Non so che dire, servitevi. (*gli dà lo zecchino*)
MARCHESE (*prende lo zecchino*). Ho un affare di premura.... amico; obbligato per ora: ci rivedremo a pranzo. (*parte*)

SCENA XIV

Il CAVALIERE *solo.*

Bravo! Il signor Marchese mi voleva frecciare venti zecchini, e poi si è contentato di uno. Finalmente uno zecchino non mi preme di perderlo, e se non me lo rende, non mi verrà piú a seccare. Mi dispiace piú che ha bevuto la mia cioccolata. Che indiscretezza! E poi: son chi sono, son cavaliere. Oh garbatissimo cavaliere!

SCENA XV

MIRANDOLINA *colla biancheria e detto.*

MIRANDOLINA (*entrando con qualche soggezione*). Permettete, illustrissimo!
CAVALIERE (*con asprezza*). Che cosa volete?
MIRANDOLINA (*s'avanza un poco*). Ecco qui della biancheria migliore.
CAVALIERE (*accenna il tavolino*). Bene. Mettetela lí.
MIRANDOLINA. La supplico almeno degnarsi vedere se è di suo genio.
CAVALIERE. Che roba è?
MIRANDOLINA (*s'avanza ancor piú*). Le lenzuola sono di rensa.[29]
CAVALIERE. Rensa?
MIRANDOLINA. Sí signore, di dieci paoli al braccio. Osservi.

---

[29] "They are fine linen sheets." *Rensa* is the Italianized form of Rheims (France).

CAVALIERE. Non pretendevo tanto. Bastavami[30] qualche cosa meglio di quel che mi avete dato.

MIRANDOLINA. Questa biancheria l'ho fatta per personaggi di merito; per quelli che la sanno conoscere; e in verità, illustrissimo, la do per esser lei,[31] ad un altro non la darei.

CAVALIERE. *Per esser lei!* Solito complimento.

MIRANDOLINA. Osservi il servizio di tavola.

CAVALIERE. Oh! Queste tele di Fiandra, quando si lavano, perdono assai. Non vi è bisogno che le insudiciate per me.

MIRANDOLINA. Per un cavaliere della sua qualità, non guardo a queste piccole cose. Di queste salviette ne ho parecchie, e le serberò per V.S. illustrissima.

CAVALIERE. (Non si può negare che costei non sia una donna obbligante).[32]

MIRANDOLINA. (Veramente ha una faccia burbera da non piacergli le donne).

CAVALIERE. Date la mia biancheria al mio cameriere, o ponetela lí, in qualche luogo. Non vi è bisogno che v'incomodiate per questo.

MIRANDOLINA. Oh io non m'incomodo mai, quando servo Cavalieri di sí alto merito.

CAVALIERE. Bene, bene, non occorr'altro. (Costei vorrebbe adularmi. Donne! Tutte cosí).

MIRANDOLINA. La metterò nell'arcova.

CAVALIERE (*con serietà*). Sí, dove volete.

MIRANDOLINA (*va a riporre la biancheria*). (Oh! vi è del duro.[33] Ho paura di non far niente).

CAVALIERE. (I gonzi sentono queste belle parole, credono a chi le dice, e cascano).

MIRANDOLINA (*ritornando senza la biancheria*). A pranzo, che cosa comanda?

CAVALIERE. Mangerò quello che vi sarà.

MIRANDOLINA. Vorrei pur sapere il suo genio. Se le piace una cosa piú dell'altra, lo dica con libertà.

CAVALIERE. Se vorrò qualche cosa, lo dirò al cameriere.

---

[30] *Bastavami* = *mi sarebbe bastato.* The imperfect indicative is sometimes used for the past conditional.
[31] "I give it because it's you." The modern Italian should be: *la do perché è lei.*
[32] *Non* should not be translated. One may use a pleonastic *non* in a clause depending on the negative of *dubitare* or *negare*.
[33] "(Oh! he's a hard nut to crack)."

MIRANDOLINA. Ma in queste cose gli uomini non hanno l'attenzione e la pazienza che abbiamo noi altre donne. Se le piacesse qualche intingoletto, qualche salsetta, favorisca di dirlo a me.
CAVALIERE. Vi ringrazio; ma neanche per questo verso vi riuscirà di far con me quello che avete fatto col Conte e col Marchese.
MIRANDOLINA. Che dice della debolezza di quei due Cavalieri? Vengono alla locanda per alloggiare, e pretendono poi di far all'amore colla locandiera. Abbiamo altro in testa che dar retta alle loro ciarle. Cerchiamo di fare il nostro interesse; se diamo loro delle buone parole, lo facciamo per tenerli a bottega;[34] e poi io, principalmente, quando vedo che si lusingano, rido come una pazza.
CAVALIERE. Brava! Mi piace la vostra sincerità.
MIRANDOLINA. Oh! non ho altro di buono che la sincerità!
CAVALIERE. Ma però, con chi vi fa la corte, sapete fingere.
MIRANDOLINA. Io fingere? Guardimi il cielo.[34a] Domandi un poco a quei due signori che fanno gli spasimanti per me, se ho mai dato loro un segno d'affetto, se ho mai scherzato con loro in maniera che si potessero lusingare con fondamento. Non gli strapazzo perché il mio interesse non lo vuole, ma poco meno. Questi uomini effeminati non li posso vedere.[35] Siccome abborrisco anche le donne che corrono dietro agli uomini. Vede? Io non sono una ragazza. Ho qualche annetto; non son bella, ma ho avuto delle buone occasioni; eppure non ho mai voluto maritarmi, perché stimo infinitamente la mia libertà.
CAVALIERE. Oh sí, la libertà è un gran tesoro.
MIRANDOLINA. E tanti la perdono scioccamente.
CAVALIERE. So ben io quel che faccio. Alla larga!
MIRANDOLINA. Ha moglie V.S. illustrissima?
CAVALIERE. Il cielo me ne liberi. Non voglio donne.
MIRANDOLINA. Bravissimo; si conservi sempre cosí. Le donne, signore.... basta, a me non tocca a dirne male.
CAVALIERE. Voi siete per altro la prima donna ch'io senta parlar cosí.
MIRANDOLINA. Le dirò: noi altre locandiere vediamo e sentiamo delle cose assai; e in verità compatisco quegli uomini che hanno paura del nostro sesso.
CAVALIERE. (È curiosa costei).
MIRANDOLINA (*finge voler partire*). Con permissione di V. S. illustrissima.
CAVALIERE. Avete premura di partire?

---

[34] "We try to do what is good for us . . . to keep them as clients";
[34a] "Heaven forbid!"
[35] "I cannot stomach these ladies' men."

MIRANDOLINA. Non vorrei esserle importuna.
CAVALIERE. No, mi fate piacere, mi divertite.
MIRANDOLINA. Vede, signore? Cosí fo con gli altri. Mi trattengo qualche momento; sono piuttosto allegra, dico delle barzellette per divertirli, ed essi subito credono... Se la m'intende; e mi fanno i cascamorti.
CAVALIERE. Questo accade, perché avete buone maniere.
MIRANDOLINA (*con una riverenza*). Troppa bontà, illustrissimo.
CAVALIERE. Ed essi s'innamorano!
MIRANDOLINA. Guardi che debolezza! innamorarsi subito di una donna.
CAVALIERE. Questa[36] io non l'ho mai potuta capire.
MIRANDOLINA. Bella fortezza! Bella virilità!
CAVALIERE. Debolezze! Miserie umane!
MIRANDOLINA. Questo è il vero pensare degli uomini. Signor Cavaliere, mi porga la mano.
CAVALIERE. Perché volete ch'io vi porga la mano?
MIRANDOLINA. Favorisca, si degni, osservi, son pulita.
CAVALIERE. Ecco la mano.
MIRANDOLINA. Questa è la prima volta che ho l'onore d'aver per la mano un uomo che pensa veramente da uomo. (*ritira la mano*)
CAVALIERE. Via, basta cosí.
MIRANDOLINA. Ecco. Se io avessi preso per la mano uno di que' signori sguaiati, avrebbe tosto creduto ch'io spasimassi per lui. Sarebbe andato in deliquio. Non darei loro una semplice libertà per tutto l'oro del mondo. Non sanno vivere. Oh benedetto il conversare alla libera! senza attacchi, senza malizia, senza tante ridicole sciocchierie. Illustrissimo, perdoni la mia impertinenza. Dove posso servirla, mi comandi con autorità, e avrò per lei quell'attenzione che non ho mai avuto per alcuna persona di questo mondo.
CAVALIERE. Per qual motivo avete tanta parzialità per me?
MIRANDOLINA. Perché, oltre il suo merito, oltre la sua condizione, sono almeno sicura che con lei posso trattare con libertà, senza sospetto che voglia far cattivo uso delle mie attenzioni, e che mi tenga in qualità di serva senza tormentarmi con pretensioni ridicole, con caricature affettate.
CAVALIERE. (Che diavolo ha costei di stravagante, ch'io non capisco).
MIRANDOLINA. (Il satiro si anderà a poco a poco addomesticando).[37]

---

[36] *Questa* = *questa cosa.*
[37] "(Little by little the wild man will be tamed)."

CAVALIERE. Orsú, se avete da badare alle cose vostre non restate per me.
MIRANDOLINA. Sí signore, vado ad attendere alle faccende di casa: Queste sono i miei amori, i miei passatempi. Se comanderà qualche cosa, manderò il cameriere.
CAVALIERE. Bene... Se qualche volta verrete anche voi, vi vedrò volentieri.
MIRANDOLINA. Io, veramente, non vado mai nelle camere dei forestieri, ma da lei ci verrò qualche volta.
CAVALIERE. Da me... Perché?
MIRANDOLINA. Perché, illustrissimo signore, ella mi piace assaissimo.
CAVALIERE. Vi piaccio io?
MIRANDOLINA. Mi piace perché non è effeminato, perché non è di quelli che s'innamorano. (Mi caschi il naso se avanti domani non l'innamoro).[38]

SCENA XVI

Il CAVALIERE *solo.*

Eh! So io quel che fo. Colle donne? Alla larga! Costei sarebbe una di quelle che potrebbero farmi cascare piú dell'altre. Quella verità, quella scioltezza di dire è cosa poco comune. Ha un non so che di straordinario;[38a] ma non per questo mi lascierei innamorare. Per un poco di divertimento, mi fermerei piuttosto con questa che con un'altra. Ma per fare all'amore? Per perdere la libertà? Non vi è pericolo. Pazzi, pazzi quelli che s'innamorano delle donne. (*parte*)

SCENA XVII

ORTENSIA, DEJANIRA, FABRIZIO

FABRIZIO. Che restino servite qui, illustrissime. Osservino quest'altra camera. Quella per dormire, e questa per mangiare, per ricevere, per servirsene come comandano.
ORTENSIA. Va bene, va bene. Siete voi padrone o cameriere?
FABRIZIO. Cameriere, ai comandi di V. S. illustrissima.
DEJANIRA (*piano ad Ortensia ridendo*). Ci dà delle illustrissime.

---

[38] "I'll eat my hat if by tomorrow I don't make him fall in love)."
[38a] "She has something indefinably extraordinary about her";

ORTENSIA. (Bisogna secondare il lazzo).[39] Cameriere.
FABRIZIO. Illustrissima.
ORTENSIA. Dite al padrone che venga qui, voglio parlar con lui per il trattamento.
FABRIZIO. Verrà la padrona; la servo subito. (Che damine saranno queste due signore cosí sole? All'aria, all'abito paiono dame).

SCENA XVIII

DEJANIRA, ed ORTENSIA.

DEJANIRA. Ci dà delle illustrissime. Ci ha creduto due dame.
ORTENSIA. Bene. Cosí ci tratterà meglio.
DEJANIRA. Ma ci farà pagare di piú.
ORTENSIA. Eh, circa i conti, avrà da fare con me. Sono degli anni assai che cammino il mondo.
DEJANIRA. Non vorrei che con questi titoli entrassimo in qualche impegno.
ORTENSIA. Cara amica, siete di poco spirito. Due commedianti avvezze a far sulla scena da contesse, da marchese e da principesse avranno difficoltà a sostenere un carattere sopra di una locanda?
DEJANIRA. Verranno i nostri compagni e subito ci sbianchiranno.[40]
ORTENSIA. Per oggi non possono arrivare a Firenze. Da Pisa a qui, in navicello, vi vogliono almeno tre giorni.[41]
DEJANIRA. Guardate che bestialità! venire in navicello!
ORTENSIA. Per mancanza di lugagni.[42] È assai che siamo venute noi in calesse.
DEJANIRA. È stata buona quella recita di piú che abbiamo fatto.
ORTENSIA. Sí, ma se non istavo io alla porta, non si faceva niente.[43]

---

[39] "(We must play along with the game)."
[40] "will unmask us." This is actors' slang.
[41] *Volerci* is used today.
[42] "For lack of 'shekles.'" This is slang.
[43] *istavo . . . si faceva = fossi stata . . . si sarebbe fatto.* In conditional sentences the imperfect indicative is sometimes used in both clauses instead of the pluperfect subjunctive (after *se*) and the past conditional.

SCENA XIX

FABRIZIO *e dette.*

FABRIZIO. La padrona or ora sarà a servirle.
ORTENSIA. Bene.
FABRIZIO. Ed io le supplico a comandarmi. Ho servito altre dame, mi darò l'onor di servire con tutta attenzione anche le signorie loro illustrissime.
ORTENSIA. Occorrendo, mi varrò di voi.
DEJANIRA. (Ortensia queste parti le fa benissimo).
FABRIZIO (*tira fuori un calamaio ed un libriccino*). Intanto le supplico, illustrissime signore, favorirmi il loro riverito nome per la consegna.
DEJANIRA. (Ora viene il buono).[44]
ORTENSIA. Perché ho da dar il mio nome?
FABRIZIO. Noi altri locandieri siamo obbligati a dar il nome, il casato, la patria, e la condizione di tutti i passeggeri che alloggiano alla nostra locanda. E se non lo facessimo, meschini noi.
DEJANIRA (*piano ad Ortensia*). (Amica, i titoli sono finiti).
ORTENSIA. Molti daranno anche il nome finto.
FABRIZIO. In quanto a questo poi, noi altri scriviamo il nome che ci dettano, e non cerchiamo di più.
ORTENSIA. Scrivete. La baronessa Ortensia del Poggio Palermitana.
FABRIZIO. (Siciliana? Sangue caldo). (*scrivendo*) Ella, illustrissima?
DEJANIRA. Ed io.... (Non so che mi dire).
ORTENSIA. Via, Contessa Dejanira, dategli il vostro nome.
FABRIZIO (*a Dejanira*). La supplico.
DEJANIRA (*a Fabrizio*). Non l'avete sentito?
FABRIZIO (*scrivendo*). *L'illustrissima signora Contessa Dejanira...* Il cognome?
DEJANIRA (*a Fabrizio*). Anche il cognome?
ORTENSIA (*a Fabrizio*). Sí, dal Sole, Romana.
FABRIZIO. Non occorr'altro. Perdonino l'incomodo. Ora verrà la padrona. (L'ho detto che erano due Dame? Spero che farò dei buoni negozî. Mance non ne mancheranno).
DEJANIRA (*si burlano vicendevolmente*). Serva umilissima della signora Baronessa.

---
[44] "(This is going to be good)." I.e., "Now we'll have to tell the truth."

ORTENSIA. Contessa, a voi m'inchino.
DEJANIRA. Qual fortuna mi offre la felicissima congiuntura di rassegnarvi il mio profondo rispetto?[45]
ORTENSIA. Dalla fontana del vostro cuore, scaturir non possono che torrenti di grazie.

SCENA XX

MIRANDOLINA e dette.

DEJANIRA (*ad Ortensia con caricatura*). Madama, voi mi adulate.
ORTENSIA (*fa lo stesso*). Contessa, al vostra merito si converrebbe assai piú.
MIRANDOLINA (*in disparte*). (Oh che dame cerimoniose!)
ORTENSIA (*piano a Dejanira*). Zitta, è qui la padrona.
MIRANDOLINA. M'inchino a queste Dame.
ORTENSIA. Buon giorno, quella giovane.[46]
DEJANIRA. Signora padrona, vi riverisco.
ORTENSIA (*fa cenno a Dejanira che si sostenga*). Ehi!
MIRANDOLINA (*ad Ortensia*). Permetta ch'io le baci la mano.
ORTENSIA (*le dà la mano*). Siete obbligante.
DEJANIRA (*ride da sé*).
MIRANDOLINA (*chiede la mano a Dejanira*). Anch'ella, illustrissima.
DEJANIRA. Eh, non importa...
ORTENSIA. Via, gradite le finezze di questa giovane, Datele la mano.
MIRANDOLINA. La supplico.
DEJANIRA. Tenete. (*le dà la mano, si volta e ride*)
MIRANDOLINA. Ride, illustrissima? Di che?
ORTENSIA. Che cara contessa! Ride ancora di me. Ho detto uno sproposito, che l'ha fatta ridere.
MIRANDOLINA. (Io giuocherei che non sono due dame. Se fossero dame, non sarebbero sole).
ORTENSIA (*a Mirandolina*). Circa il trattamento, converrà poi discorrere.
MIRANDOLINA. Ma sono sole? Non hanno cavalieri, non hanno servitori, non hanno nessuno?
ORTENSIA. Il barone mio marito....
DEJANIRA (*ride forte*).
MIRANDOLINA. Perché ride, signora?

---

[45] "What stroke of fortune affords me the very happy opportunity to proffer my deep respect?" Note the artificial language of the actors of the *commedia dell'arte*.
[46] "Good morning, young lady."

ORTENSIA. Via, perché ridete?
DEJANIRA. Rido del barone di vostro marito.[47]
ORTENSIA. Sí, è un cavaliere giocoso; dice sempre delle barzellette, verrà quanto prima col conte Orazio, marito della contessina.
DEJANIRA (*fa forza per trattenersi dal ridere*).
MIRANDOLINA (*a Dejanira*). La fa ridere anche il signor conte?
ORTENSIA. Ma via, contessina, tenetevi un poco nel vostro decoro.
MIRANDOLINA. Signore mie, favoriscano in grazia. Siamo sole, nessuno ci sente. Questa contea, questa baronía, sarebbe mai....
ORTENSIA. Che cosa vorreste dire? Mettereste in dubbio la nostra nobiltà?
MIRANDOLINA. Perdoni, illustrissima, non si riscaldi, perché farà ridere la signora Contessa.
DEJANIRA. Eh via, che serve?
ORTENSIA (*minacciandola*). Contessa, Contessa!
MIRANDOLINA (*a Dejanira*). Io so che cosa voleva dire, illustrissima.
DEJANIRA. Se l'indovinate, vi stimo assai.
MIRANDOLINA. Voleva dire: che serve che fingiamo di esser due dame, se siamo due pedine?[48] non è vero?
DEJANIRA (*a Mirandolina*). E che sí che ci conoscete?
ORTENSIA. Che brava commediante! non è buona da sostenere un carattere.
DEJANIRA. Fuori di scena, io non so fingere.
MIRANDOLINA. Brava, signora Baronessa; mi piace il di lei spirito. Lodo la sua franchezza.
ORTENSIA. Qualche volta mi prendo un poco di spasso.
MIRANDOLINA. Ed io amo infinitamente le persone di spirito. Servitevi pure nella mia locanda, ché siete padrone; ma vi prego bensí, se mi capitassero persone di rango, cedermi quest'appartamento, ché io vi darò dei camerini assai comodi.
DEJANIRA. Sí, volentieri.
ORTENSIA. Ma io, quando spendo il mio denaro, intendo volere[49] esser servita come una dama, e in questo appartamento ci sono, e non me ne anderò.
MIRANDOLINA. Via, signora Baronessa, sia buona... Oh!' Ecco un cavaliere che è alloggiato in questa locanda. Quando vede donne, sempre si caccia avanti.
ORTENSIA. È ricco?
MIRANDOLINA. Io non so i fatti suoi.

---

[47] Dejanira is punning on the word *barone*, which also means "sharper."
[48] The word *pedine* here means "commoners."
[49] Here the *volere* is superfluous.

SCENA XXI

Il Marchese *e dette.*

Marchese. È permesso? Si può entrare?
Ortensia. Per me è padrone.
Marchese. Servo di lor signore.
Dejanira. Serva umilissima.
Ortensia. La riverisco divotamente.
Marchese (*a Mirandolina*). Sono forestiere?
Mirandolina. Eccellenza, sí. Sono venute ad onorare la mia locanda.
Ortensia. (È un'Eccellenza! Capperi!)
Dejanira. (Già Ortensia lo vorrà per sé).
Marchese (*a Mirandolina*). E chi sono queste signore?
Mirandolina. Questa è la Baronessa Ortensia del Poggio, e questa è la Contessa Dejanira dal Sole.
Marchese. Oh, compitissime Dame!
Ortensia. E ella chi è, signore?
Marchese. Io sono il Marchese di Forlipopoli.
Dejanira. (La locandiera vuol seguitare a far la commedia).
Ortensia. Godo aver l'onor di conoscere un cavaliere cosí compito.
Marchese. Se vi potessi servire, comandatemi. Ho piacere che siate venute ad alloggiare in questa locanda. Troverete una padrona di garbo.
Mirandolina. Questo cavaliere è pieno di bontà. Mi onora della sua protezione.
Marchese. Sí, certamente. Io la proteggo, e proteggo tutti quelli che vengono nella sua locanda, e se vi occorre nulla, comandate.[50]
Ortensia. Occorrendo, mi prevarrò delle sue finezze.[51]
Marchese. Anche voi, signora Contessa, fate capitale di me.
Dejanira. Potrò ben chiamarmi felice, se avrò l'alto onore di essere annoverata nel ruolo delle sue umilissime serve.
Mirandolina (*ad Ortensia*). (Ha detto un concetto da commedia).
Ortensia (*a Mirandolina*). Il titolo di Contessa l'ha posta in soggezione). (*Il Marchese tira fuori di tasca un bel fazzoletto di seta, lo spiega, e finge volersi asciugare la fronte*).
Mirandolina. Un gran fazzoletto, signor Marchese!
Marchese (*a Mirandolina*). Ah! che ne dite? È bello? Sono di buon gusto io?
Mirandolina. Certamente è di ottimo gusto.
Marchese (*ad Ortensia*). Ne avete piú veduti di cosí belli?

---
[50] "if you need anything, command me."
[51] "If need be, I shall take advantage of your kindness."

ORTENSIA. È superbo. Non ho veduto il compagno. (Se me lo donasse, lo prenderei).
MARCHESE (a Dejanira). Questo viene da Londra.
DEJANIRA. È bello, mi piace assai.
MARCHESE. Son di buon gusto io?
DEJANIRA. (E non dice a' vostri comandi).
MARCHESE. M'impegno che il Conte non sa spendere. Getta via il denaro e non compra mai una galanteria di buon gusto.
MIRANDOLINA. Il signor Marchese conosce, distingue, sa, vede, intende.
MARCHESE (piega il fazzoletto con attenzione). Bisogna piegarlo bene, acciò non si guasti. Questa sorta di roba bisogna custodirla con attenzione. Tenete. (lo presenta a Mirandolina)
MIRANDOLINA. Vuole ch'io lo faccia mettere nella sua camera?
MARCHESE. No. Mettetelo nella vostra.
MIRANDOLINA. Perché nella mia...?
MARCHESE. Perché... ve lo dono.
MIRANDOLINA. Oh, Eccellenza, perdoni...
MARCHESE. Tant'è. Ve lo dono...
MIRANDOLINA. Ma io non voglio.
MARCHESE. Non mi fate andar in collera.
MIRANDOLINA. Oh in quanto a questo poi, il signor Marchese lo sa; non voglio disgustar nessuno. Acciò non vada in collera, lo prenderò.
DEJANIRA (ad Ortensia). (Oh che bel lazzo!)[52]
ORTENSIA (a Dejanira). (E poi dicono delle commedianti!)
MARCHESE (ad Ortensia). Ah! Che dite? Un fazzoletto di quella sorta l'ho donato alla mia padrona di casa.
ORTENSIA. È un cavaliere generoso.
MARCHESE. Sempre cosí.
MIRANDOLINA. (Questo è il primo regalo che mi ha fatto, e non so come abbia avuto questo fazzoletto).
DEJANIRA. Signor Marchese, se ne trovano di quei fazzoletti in Firenze? Avrei volontà d'averne uno compagno.
MARCHESE. Compagno di questo sarà difficile; ma vedremo.
MIRANDOLINA. (Brava la signora Contessina).
ORTENSIA. Signor Marchese, voi che siete pratico della città, fatemi il piacere di mandarmi un bravo calzolaro, perché ho bisogno di scarpe.
MARCHESE. Sí; vi manderò il mio.
MIRANDOLINA. (Tutte alla vita; ma non ce n'è uno per la rabbia).[53]

---
[52] "(Oh what a fine scene!)"
[53] "(All women are after him; but there isn't a single thing to satisfy their ravenous appetite)."

ORTENSIA. Caro signor Marchese, favorirà tenerci un poco di compagnia.
DEJANIRA. Favorirà a pranzo con noi.
MARCHESE. Sí, volentieri. (Ehi Mirandolina, non abbiate gelosia, son vostro, già lo sapete).
MIRANDOLINA (al Marchese). (S'accomodi pure; ho piacere che si diverta).
ORTENSIA. Voi sarete la nostra conversazione.
DEJANIRA. Non conosciamo nessuno. Non abbiamo altri che voi.
MARCHESE. Oh care le mie damine! Vi servirò di cuore.

SCENA XXII

Il CONTE, *e detti.*

CONTE. Mirandolina, io cercava di voi.
MIRANDOLINA. Son qui con queste dame.
CONTE. Dame? M'inchino umilmente.
ORTENSIA. Serva divota. (*piano a Dejanira*) (Questo è un guasco piú badial di quell'altro).[54]
DEJANIRA (*piano ad Ortensia*). (Ma io non sono buona per miccheggiare).[55]
MARCHESE (*piano a Mirandolina*). (Ehi! Mostrate al Conte il fazzoletto).
MIRANDOLINA (*mostra il fazzoletto al Conte*). Osservi, signor Conte, il bel regalo che mi ha fatto il signor Marchese.
CONTE. Oh, me ne rallegro. Bravo, signor Marchese.
MARCHESE. Eh niente, niente. Bagatelle. Riponetelo, via: non voglio che lo diciate. Quel che fo non s'ha da sapere.
MIRANDOLINA. (Non s'ha da sapere e me lo fa mostrare. La superbia contrasta con la povertà).
CONTE (*a Mirandolina*). Con licenza di queste dame vorrei dirvi una parola.
ORTENSIA. S'accomodi con libertà.
MARCHESE. Quel fazzoletto in tasca lo manderete a male.
(*a Mirandolina*)
MIRANDOLINA. Eh, lo riporrò nella bambagia, perché non si ammacchi!
CONTE. Osservate questo piccolo gioiello di diamanti.
(*a Mirandolina*)

---

[54] "(This one is a bigger 'swell' than that other). Actors' slang.
[55] "(But I'm not good at gold-digging)." Slang.

MIRANDOLINA. Bello assai.
CONTE. È compagno degli orecchini che vi ho donato. (*Ortensia e Dejanira osservano e parlano piano fra di loro*)
MIRANDOLINA. Certo è compagno, ma è ancora piú bello.
MARCHESE. (Sia maledetto il Conte, i suoi diamanti, i suoi denari e il suo diavolo che se lo porti).[56]
CONTE (*a Mirandolina*). Ora, perché abbiate il fornimento compagno, ecco ch'io vi dono il gioiello.
MIRANDOLINA. Non lo prendo assolutamente.
CONTE. Non mi farete questa mala creanza.
MIRANDOLINA. Oh! delle male creanze non ne faccio mai. Per non disgustarla, lo prenderò. (*Ortensia e Dejanira parlano come sopra, osservando la generosità del Conte*)
MIRANDOLINA. Ah! che ne dice, signor Marchese? Questo gioiello non è galante?
MARCHESE. Nel suo genere il fazzoletto è piú di gusto.
CONTE. Sí, ma da genere a genere vi è una bella distanza.
MARCHESE. Bella cosa! Vantarsi in pubblico di una grande spesa.
CONTE. Sí, sí, voi fate i vostri regali in segreto.
MIRANDOLINA. (Posso ben dire con verità, questa volta, che fra due litiganti il terzo gode).[57]
MARCHESE. E cosí, damine mie, sarò a pranzo con voi.
ORTENSIA (*al Conte*). Quest'altro signore chi è?
CONTE. Sono il Conte d'Albafiorita, per obbedirvi.
DEJANIRA. Capperi! (*anch'ella si accosta al Conte*) È una famiglia illustre, io la conosco.
CONTE (*a Dejanira*). Son a' vostri comandi.
ORTENSIA (*al Conte*). È qui alloggiato?
CONTE. Sí, signora.
DEJANIRA (*al Conte*). Si trattiene molto?
CONTE. Credo di sí.
MARCHESE. Signore mie, sarete stanche di stare in piedi; volete ch'io vi serva nella vostra camera?
ORTENSIA (*con disprezzo*). Obbligatissima. Di che paese è, signor Conte?
CONTE. Napolitano.[58]
ORTENSIA. Oh! Siamo mezzo patriotti.[58a] Io sono palermitana.

---

56 "(A curse upon the Count . . . may the devil take him)."
57 A proverb, one of the English equivalents of which is "Two dogs strive for a bone, and the third runs away with it."
58 The more common modern form is *napoletano*.
58a. "almost fellow-countrymen,"

DEJANIRA. Io son romana; ma sono stata a Napoli, e appunto per un mio interesse desiderava parlare con un cavaliere napolitano.

CONTE. Vi servirò, signore. Siete sole? non avete uomini?

MARCHESE. Ci sono io, signore, e non hanno bisogno di voi.

ORTENSIA. Siamo sole, signor Conte, poi vi diremo il perché.

CONTE. Mirandolina.

MIRANDOLINA. Signore.

CONTE. Fate preparare nella mia camera per tre. (*ad Ortensia e Dejanira*) Vi degnerete favorirmi?

ORTENSIA. Riceveremo le vostre finezze.

MARCHESE. Ma io sono stato invitato da queste dame.

CONTE. Esse sono padrone di servirsi come comandano, ma alla mia piccola tavola in piú di tre non ci si sta.[59]

MARCHESE. Vorrei veder anche questa...

ORTENSIA. Andiamo, andiamo, signor Conte. Il signor Marchese ci favorirà un'altra volta. (*parte*)

DEJANIRA. Signor Marchese, se trova il fazzoletto, mi raccomando.
(*parte*)

MARCHESE. Conte, Conte, voi me la pagherete.

CONTE. Di che vi lagnate?

MARCHESE. Son chi sono, e non si tratta cosí. Basta... Colei vorrebbe un fazzoletto? Un fazzoletto di quella sorta? Non l'avrà. Mirandolina, tenetelo caro. Fazzoletti di quella sorta non se ne trovano. Dei diamanti se ne trovano, ma dei fazzoletti di quella sorta non se ne trovano. (*parte*)

MIRANDOLINA. (Oh che bel pazzo!)

CONTE. Cara Mirandolina, avete voi dispiacere che io serva queste due dame?

MIRANDOLINA. Niente affatto, signore.

CONTE. Lo faccio per voi. Lo faccio per accrescer utile ed avventori alla vostra locanda; per altro, io son vostro; è vostro il mio cuore, e vostre sono le mie ricchezze, delle quali disponete liberamente, ché io vi faccio padrona. (*parte*)

---

[59] "They are free . . . but at my small table there isn't room for more than three."

SCENA XXIII

Mirandolina *sola*.

Con tutte le sue ricchezze, con tutti i suoi regali non arriverà mai ad innamorarmi; e molto meno lo farà il Marchese colla sua ridicola protezione. Se dovessi attaccarmi ad uno di questi due, certamente lo farei con quello che spende piú. Ma non mi preme né dell'uno né dell'altro. Sono in impegno d'innamorar il Cavaliere di Ripafratta, e non darei un tal piacere per un gioiello il doppio piú grande di questo. Mi proverò; non so se avrò l'abilità che hanno quelle due brave comiche, ma mi proverò. Il Conte ed il Marchese, frattanto che con quelle si vanno trattenendo, mi lasceranno in pace, e potrò a mio bell'agio trattar col Cavaliere. Possibile ch'ei non ceda?[60] Chi è quello che possa resistere ad una donna, quando le dà il tempo di poter far uso dell'arte sua? Chi fugge non può temer d'esser vinto, ma chi si ferma, chi ascolta e se ne compiace, deve, o presto o tardi, a suo dispetto cadere.

(parte)

---

[60] "Is it possible that he won't yield?"

ATTO SECONDO

SCENA PRIMA

Camera del Cavaliere con tavola apparecchiata per il pranzo, e sedie.

Il Cavaliere, ed il suo servitore, poi Fabrizio. Il Cavaliere passeggia con un libro. Fabrizio mette in tavola la zuppa.

FABRIZIO *(al servitore)*. Dite al vostro padrone se vuol restar servito, ché la zuppa è in tavola.
SERVITORE *(a Fabrizio)*. Glielo potete dire anche voi.
FABRIZIO. È tanto stravagante che non gli parlo niente volentieri.
SERVITORE. Eppure non è cattivo. Non può veder le donne; per altro cogli uomini è dolcissimo.
FABRIZIO. (Non può veder le donne? Povero sciocco! Non conosce il buono.) *(parte)*
SERVITORE. Illustrissimo, se comanda, è in tavola.
(Il Cavaliere mette giú il libro e va a sedere a tavola)
CAVALIERE *(al servitore mangiando)*. Questa mattina parmi che si pranzi prima del solito.
(Il servitore dietro la sedia del Cavaliere col tondo sotto il braccio)
SERVITORE. Questa camera è stata servita prima di tutte. Il signor Conte di Albafiorita strepitava che voleva esser servito il primo, ma la padrona ha voluto che si desse in tavola prima a V.S. illustrissima.
CAVALIERE. Sono obbligato a costei per l'attenzione che mi dimostra.
SERVITORE. È una donna assai compita, illustrissimo. In tanto mondo che ho veduto, non ho trovato una locandiera piú garbata di questa.
CAVALIERE *(voltandosi un poco indietro)*. Ti piace, eh?
SERVITORE. Se non fosse per far torto al mio padrone, vorrei venire a stare con Mirandolina per cameriere.
CAVALIERE *(gli dà il tondo ed egli lo muta)*. Povero sciocco! Che cosa vorresti ch'ella facesse di te?
SERVITORE. Una donna di questa sorta, la vorrei servir come un cagnolino. *(va per un piatto)*

CAVALIERE. Per bacco! Costei incanta tutti. Sarebbe da ridere che incantasse anche me.[1] Orsú, domani me ne vado a Livorno. S'ingegni per oggi, se può, ma si assicuri che non sono sí debole. Avanti ch'io superi l'avversione per le donne, ci vuol altro.[2]

SCENA II

Il servitore con lesso ed un altro piatto, e detto.

SERVITORE. Ha detto la padrona che, se non le piacesse il pollastro, le manderà un piccione.
CAVALIERE. Mi piace tutto. E questo che cos'è?
SERVITORE. Dice la padrona ch'io le sappia dire se a V. S. illustrissima piace questa salsa, ché l'ha fatta ella colle sue mani.
CAVALIERE Costei mi obbliga sempre piú. (*l'assaggia*) È preziosa.[3] Dille che mi piace, che la ringrazio.
SERVITORE. Glielo dirò, illustrissimo.
CAVALIERE. Vaglielo a dir subito.
SERVITORE. Subito? (Oh che prodigio! Manda un complimento a una donna)!
CAVALIERE. È una salsa squisita. Non ho sentita la meglio.[4] (*va mangiando*) Certamente se Mirandolina farà cosí, avrà sempre de' forestieri. Buona tavola, buona biancheria. E poi non si può negare che non sia gentile; ma quel che piú stimo in lei è la sincerità. Oh, quella sincerità è pure la bella cosa! Perché non posso io vedere le donne? Perché son finte, bugiarde, lusinghiere. Ma quella bella sincerità...

SCENA III

Il SERVITORE *e detto.*

SERVITORE. Ringrazia V. S. illustrissima della bontà che ha di aggradire le sue debolezze.
CAVALIERE. Bravo, signor cerimoniere, bravo.[5]
SERVITORE. Ora sta facendo colle sue mani un altro piatto, ma non so dire che cosa sia.

---

[1] "It would be funny if she charmed even me."
[2] "Before I overcome my aversion for women, it will take more."
[3] "It's excellent."
[4] "I haven't tasted anything better." *Meglio* is sometimes used for *migliore.*
[5] "Bravo, master of ceremonies, bravo."

CAVALIERE. Sta facendo?
SERVITORE. Sí signore.
CAVALIERE. Dammi da bere.
SERVITORE. La servo. (*va a prendere da bere*)
CAVALIERE. Orsú, con costei bisognerà corrispondere con generosità. È troppo compita; bisogna pagare il doppio. Trattarla bene, ma andar via presto. (*Il servitore gli presenta da bere*) Il Conte è andato a pranzo? (*beve*)
SERVITORE. Illustrissimo, sí, in questo momento. Oggi fa trattamento.[6] Ha due dame a tavola con lui.
CAVALIERE. Due dame? Chi sono?
SERVITORE. Sono arrivate a questa locanda, poche ore sono.[7] Non so chi sieno.
CAVALIERE. Le conosceva il Conte?
SERVITORE. Credo di no, ma appena le ha vedute le ha invitate a pranzo seco.
CAVALIERE. Che debolezza! Appena vede due donne, subito s'attacca. Ed esse accettano. E sa il cielo chi sono; ma sieno quali esser vogliono,[8] sono donne, e tanto basta. Il Conte si rovinerà certamente. Dimmi: il Marchese è a tavola?
SERVITORE. È uscito di casa, e non si è ancora veduto.
CAVALIERE (*fa mutare il tondo*). In tavola.
SERVITORE. La servo.
CAVALIERE. A tavola con due dame! Oh che bella compagnia! Colle loro smorfie mi farebbero passar l'appetito.

SCENA IV

Mirandolina con un tondo in mano, ed il servitore, e detto.

MIRANDOLINA. È permesso?
CAVALIERE. Chi è di là?
SERVITORE. Comandi.
CAVALIERE. Leva là quel tondo di mano.
MIRANDOLINA. Perdoni. (*mette in tavola la vivanda*) Lasci ch'io abbia l'onore di metterlo in tavola colle mie mani.
CAVALIERE. Questo non è ufficio vostro.
MIRANDOLINA. Oh, signore, chi son io? Una qualche signora?[9] Sono una serva di chi favorisce venire alla mia locanda.

---

[6] "Today he has guests."
[7] "They arrived in this inn a few hours ago."
[8] "but be they who they may," *sieno* = *siano*
[9] "One of your fine ladies?"

CAVALIERE. (Che umiltà).
MIRANDOLINA. In verità non avrei difficoltà di servire in tavola tutti, ma non lo faccio per certi riguardi: non so s'ella mi capisca. Da lei vengo senza scrupoli, con franchezza.
CAVALIERE. Vi ringrazio. Che vivanda è questa?
MIRANDOLINA. Egli[10] è un intingoletto fatto colle mie mani.
CAVALIERE. Sarà buono. Quando l'avete fatto voi, sarà buono.
MIRANDOLINA. Oh! troppa bontà, signore. Io non so far niente di bene. Ma bramerei saper fare, per dar nel genio[11] ad un cavalier sí compito.
CAVALIERE. (Domani a Livorno). Se avete che fare, non istate a disagio per me.
MIRANDOLINA. Niente signore, la casa è ben provveduta di cuochi e servitori. Avrei piacere di sentire se quel piatto le dà nel genio.
CAVALIERE. Volentieri, subito. (*lo assaggia*) Buono, prezioso. Oh che sapore! Non conosco che cosa sia.
MIRANDOLINA. Eh, io, signore, ho de' segreti particolari. Queste mani sanno far delle belle cose.
CAVALIERE (*al servitore, con qualche passione*). Dammi da bere.
MIRANDOLINA. Dietro questo piatto, signore, bisogna beverlo buono.
CAVALIERE (*al servitore*). Dammi del vino di Borgogna.
MIRANDOLINA. Bravissimo. Il vino di Borgogna è prezioso. Secondo me, per pasteggiare, è il miglior vino che si possa bere.[12]
(*Il servitore presenta la bottiglia in tavola con un bicchiere*)
CAVALIERE. Voi siete di buon gusto in tutto.
MIRANDOLINA. In verità, che poche volte m'inganno.
CAVALIERE. Eppure questa volta voi v'ingannate.
MIRANDOLINA. In che, signore?
CAVALIERE. In credere ch'io meriti d'esser da voi distinto.
MIRANDOLINA (*sospirando*). Eh, signor Cavaliere...
CAVALIERE (*alterato*). Che cosa c'è? Che sono questi sospiri?
MIRANDOLINA. Le dirò: delle attenzioni ne uso a tutti, e mi rattristo quando penso che non vi sono che ingrati.
CAVALIERE (*con placidezza*). Io non vi sarò ingrato.
MIRANDOLINA. Con lei non pretendo di acquistar merito, facendo unicamente il mio dovere.
CAVALIERE. No, no, conosco benissimo... Non sono cotanto rozzo quanto mi credete. Di me non avrete a dolervi. (*versa il vino nel bicchiere*)

---

[10] *Egli* is now *esso* or is simply omitted.
[11] "in order to please."
[12] "As far as I'm concerned, as a table wine it is the best you can drink."

MIRANDOLINA. Ma... Signore... io non l'intendo...
CAVALIERE. Alla vostra salute!
MIRANDOLINA. Obbligatissima; mi onora troppo.
CAVALIERE. Questo vino è prezioso.
MIRANDOLINA. Il Borgogna è la mia passione.
CAVALIERE (*le offerisce il vino*). Se volete, siete padrona.
MIRANDOLINA. Oh! Grazie, signore.
CAVALIERE. Avete pranzato?
MIRANDOLINA. Illustrissimo, sí.
CAVALIERE. Ne volete un bicchierino?
MIRANDOLINA. Io non merito queste grazie.
CAVALIERE. Davvero ve lo do volentieri.
MIRANDOLINA. Non so che dire. Riceverò le sue finezze.
CAVALIERE (*al servitore*). Porta un bicchiere.
MIRANDOLINA. No, no, se mi permette, prenderò questo. (*prende il bicchiere del Cavaliere*)
CAVALIERE. Oibò! Me ne son servito io.
MIRANDOLINA (*ridendo*). Beverò le sue bellezze.
(*Il servitore mette l'altro bicchiere nella sottocoppa*)
CAVALIERE (*versa il vino*). (Eh, galeotta!') [13]
MIRANDOLINA. Ma è qualche tempo che ho mangiato; ho timore che mi faccia male.
CAVALIERE. Non vi è pericolo.
MIRANDOLINA. Se mi favorisce un bocconcino di pane....
CAVALIERE. Volentieri. (*le dà un pezzo di pane*) Tenete.
(*Mirandolina col bicchiere in una mano e nell'altra il pane, mostra di star in disagio, e non saper come fare la zuppa*)
CAVALIERE. Voi state in disagio. Volete sedere?
MIRANDOLINA. Oh! Non son degna di tanto, signore.
CAVALIERE. Via, via, siamo soli. (*al servitore*) Portale una sedia.
SERVITORE. (Il mio padrone vuol morire; non ha mai fatto altrettanto).[14] (*va a prender la sedia*)
MIRANDOLINA. Se lo sapessero il signor Conte ed il signor Marchese, povera me!
CAVALIERE. Perché?
MIRANDOLINA. Cento volte mi hanno voluto obbligare a bere qualche cosa, o a mangiare, e non ho mai voluto farlo.
CAVALIERE. Via, accomodatevi.
MIRANDOLINA. Per obbedirla. (*siede e fa la zuppa nel vino*)

---

[13] "(Ah, you rascal!)"
[14] "(My master is about to die; he never did as much)."

CAVALIERE. Senti. (*al servitore piano*)(Non lo dire a nessuno che la padrona sia stata a sedere alla mia tavola).
SERVITORE. (Non dubiti). (Questa novità mi sorprende).
MIRANDOLINA. Alla salute di tutto quello che dà piacere al signor Cavaliere.
CAVALIERE. Vi ringrazio, padroncina garbata.
MIRANDOLINA. Di questo brindisi alle donne non ne tocca.[15]
CAVALIERE. No? Perché?
MIRANDOLINA. Perché so che le donne non le può vedere.
CAVALIERE. È vero, non le ho mai potute vedere.
MIRANDOLINA. Si conservi sempre cosí.
CAVALIERE (*si guarda dal servitore*). Non vorrei....
MIRANDOLINA. Che cosa, signore?
CAVALIERE. Sentite. (*le parla nell'orecchio*) (Non vorrei che voi mi faceste mutar natura).
MIRANDOLINA. Io, signore? come?
CAVALIERE (*al servitore*). Va' via!
SERVITORE. Comanda in tavola?
CAVALIERE. Fammi cucinare due uova, e quando son cotte, portale.
SERVITORE. Come le comanda le uova?
CAVALIERE. Come vuoi; spicciati!
SERVITORE. (Ho inteso. Il padrone si va riscaldando). (*parte*)
CAVALIERE. Mirandolina, voi siete una garbata giovine.
MIRANDOLINA. Oh, signore, mi burla.
CAVALIERE. Sentite. Voglio dirvi una cosa vera, verissima, che ritornerà in vostra gloria.
MIRANDOLINA. La sentirò volentieri.
CAVALIERE. Voi siete la prima donna di questo mondo con cui ho avuto la sofferenza di trattar con piacere.
MIRANDOLINA. Le dirò, signor Cavaliere; non già ch'io meriti niente; ma alle volte si danno questi sangui che s'incontrano.[16] Questa simpatia, questo genio si dà anche fra persone che non si conoscono. Anch'io provo per lei quello che non ho sentito per alcun altro.
CAVALIERE. Ho paura che voi mi vogliate far perdere la mia quiete.
MIRANDOLINA. Oh via, signor Cavaliere, se è un uomo savio operi da suo pari.[17] Non dia nelle debolezze degli altri. In verità, se me n'accorgo, qui non ci vengo piú. Anch'io mi sento un non so che di dentro, che non ho piú sentito; ma non voglio impazzire per

---

[15] "In no way does this toast concern women."
[16] "I'll tell you . . . but at times there happen to be such kindred spirits coming together."
[17] "act like one."

uomini, e molto meno per uno che ha in odio le donne; e che forse, forse, per provarmi, e poi burlarsi di me, viene ora con un discorso nuovo a tentarmi. Signor Cavaliere, mi favorisca un altro poco di Borgogna.

CAVALIERE (*versa il vino in un bicchiere*). Eh! Basta...
MIRANDOLINA. (Sta lí lí per cadere).
CAVALIERE. Tenete. (*le dà il bicchiere col vino*)
MIRANDOLINA. Obbligatissima. Ma ella non beve?
CAVALIERE. Sí, beverò. (*versa il vino nel suo bicchiere*) (Sarebbe meglio ch'io mi ubriacassi. Un diavolo scaccerebbe l'altro).
MIRANDOLINA (*con vezzo*). Signor Cavaliere.
CAVALIERE. Che c'è?
MIRANDOLINA. Tocchi. (*gli fa toccare il bicchiere col suo*) Che vivano i buoni amici.
CAVALIERE (*un poco languente*). Che vivano!
MIRANDOLINA. Viva... chi si vuol bene... senza malizia. Tocchi!
CAVALIERE. Evviva...

SCENA V

Il MARCHESE *e detti.*

MARCHESE. Son qui ancor io. E che viva?
CAVALIERE (*alterato*). Come, signor Marchese?
MARCHESE. Compatite, amico. Ho chiamato, non c'è nessuno.
MIRANDOLINA (*vuol andar via*). Con sua licenza...
CAVALIERE (*a Mirandolina*). Fermatevi! (*al Marchese*) Io non mi prendo con voi tanta libertà.
MARCHESE. Vi domando scusa. Siamo amici. Credeva che foste solo. Mi rallegro vedervi accanto alla nostra adorabile padroncina. Ah! Che dite? Non è un capo d'opera?
MIRANDOLINA. Signore, io era qui per servire il signor Cavaliere. Mi è venuto un poco di male, ed egli mi ha soccorso con un bicchierin di Borgogna.
MARCHESE (*al Cavaliere*). È Borgogna quello?
CAVALIERE. Sí, è Borgogna.
MARCHESE. Ma di quel vero?
CAVALIERE. Almeno l'ho pagato per tale.
MARCHESE. Io me n'intendo. Lasciate che lo senta, e vi saprò dire, se è, o se non è.

SCENA VI

Il SERVITORE *colle uova, e detti.*

CAVALIERE (*al servitore*). Un bicchierino al Marchese.
MARCHESE. Non tanto piccolo il bicchierino. Il Borgogna non è liquore. Per giudicarne, bisogna beverne a sufficienza.
SERVITORE (*vuol metterle in tavola*). Ecco le uova.
CAVALIERE. Non voglio altro.
MARCHESE. Che vivanda è quella?
CAVALIERE. Uova.
MARCHESE. Non mi piacciono. (*il servitore le porta via*)
MIRANDOLINA. Signor Marchese, con licenza del signor Cavaliere, senta quell'intingoletto fatto colle mie mani.
MARCHESE. Oh sí. Ehi? Una sedia. (*il servitore gli reca una sedia e mette il bicchiere nella sottocoppa*) Una forchetta.
CAVALIERE. Via, recagli una posata. (*il servo la va a prendere*)
MIRANDOLINA. Signor Cavaliere, ora sto meglio. Me n'anderò.
MARCHESE. Fatemi il piacere, restate ancora un poco.
MIRANDOLINA. Ma signore, ho da attendere a' fatti miei; e poi il signor Cavaliere....
MARCHESE (*al Cavaliere*). Vi contentate ch'ella resti ancora un poco?
CAVALIERE. Che volete da lei?
MARCHESE. Voglio farvi sentire un bicchierino di vin di Cipro che, da che siete al mondo, non avrete sentito il compagno.[18] E ho piacere che Mirandolina lo senta, e dica il suo parere.
CAVALIERE (*a Mirandolina*). Via, per compiacere il signor Marchese, restate.
MIRANDOLINA. Il signor Marchese mi dispenserà.
MARCHESE. Non volete sentirlo?
MIRANDOLINA. Un'altra volta, Eccellenza.
CAVALIERE. Via, restate.
MIRANDOLINA (*al Cavaliere*). Me lo comanda?
CAVALIERE. Vi dico che restiate.
MIRANDOLINA. Obbedisco. (*siede*)
CAVALIERE (*da sé*). (Mi obbliga sempre piú).
MARCHESE (*mangiando*). Oh che roba! Oh che intingolo! Oh che odore! Oh che sapore!
CAVALIERE (*piano a Mirandolina*). Il Marchese avrà gelosia che siate vicina a me.

---

[18] "I want to make you taste . . . in all your life, you can't have tasted anything like it."

MIRANDOLINA (*piano al Cavaliere*). Non m'importa di lui né poco né molto.
CAVALIERE (*piano a Mirandolina*). Siete anche voi nemica degli uomini?
MIRANDOLINA (*come sopra*). Come ella lo è delle donne.
CAVALIERE (*come sopra*). Queste mie nemiche si vanno vendicando di me.
MIRANDOLINA (*come sopra*). Come, signore?
CAVALIERE (*come sopra*). Eh! Furba! Voi vedrete benissimo....
MARCHESE. Amico, alla vostra salute! (*beve il vino di Borgogna*)
CAVALIERE. Ebbene? Come vi pare?
MARCHESE. Con vostra buona grazia, non val niente. Sentirete il mio vin di Cipro.
CAVALIERE. Ma dov'è questo vin di Cipro?
MARCHESE. L'ho qui, l'ho portato con me, voglio che ce lo godiamo; mah! è di quello![19] (*tira fuori una bottiglia assai piccola*). Eccolo!
MIRANDOLINA. Per quel che vedo, signor Marchese, non vuole che il suo vino ci vada alla testa.
MARCHESE. Questo? Si beve a goccia, come lo spirito di melissa. Ehi? I bicchierini. (*apre la bottiglia*)
SERVITORE (*porta dei bicchierini di vino di Cipro*).
MARCHESE. Eh, son troppo grandi. Non ne avete di piú piccoli? (*copre la bottiglia con la mano*)
CAVALIERE (*al servitore*). Porta quei da rosolio.[20]
MIRANDOLINA. Io credo che basterebbe odorarlo.
MARCHESE (*lo annasa*).[21] Uh, caro! ha un odor che consola.
SERVITORE (*porta tre bicchierini sulla sottocoppa*).
MARCHESE. (*Versa pian piano e non empie i bicchierini; poi lo dispensa al Cavaliere, a Mirandolina e l'altro per sé, turando bene la bottiglia; bevendo*) Che nettare! Che ambrosia! Che manna distillata!
CAVALIERE (*a Mirandolina piano*). (Che vi pare di questa porcheria?)
MIRANDOLINA (*al Cavaliere piano*). (Lavatura di fiaschi).
MARCHESE (*al Cavaliere*). Ah! Che dite?
CAVALIERE. Buono, prezioso.
MARCHESE. Ah! Mirandolina, vi piace?

---

[19] "it's the real stuff!"
[20] "Bring the cordial glasses."
[21] *Annusa* is more common than *annasa*.

MIRANDOLINA. Per me, signore, non posso dissimulare, non mi piace, lo trovo cattivo, e non posso dire che sia buono. Lodo chi sa fingere. Ma chi sa fingere in una cosa saprà fingere nell'altre ancora.
CAVALIERE. (Costei mi dà un rimprovero; non capisco il perché).
MARCHESE. Mirandolina, voi di questa sorta di vini non ve ne intendete. Vi compatisco. Veramente il fazzoletto che vi ho donato, l'avete conosciuto e vi è piaciuto, ma il vin di Cipro non lo conoscete. (*finisce di bere*)
MIRANDOLINA (*al Cavaliere piano*). Sente come si vanta?
CAVALIERE (*a Mirandolina piano*). Io non sarei cosí.
MIRANDOLINA (*come sopra*). Il di lei vanto sta nel disprezzare le donne.
CAVALIERE (*come sopra*). È il vostro nel vincere tutti gli uomini.
MIRANDOLINA (*con vezzo, al Cavaliere piano*). Tutti no.
CAVALIERE (*con qualche passione piano a Mirandolina*). Tutti, sí.
MARCHESE (*al servitore*). Eh? Tre bicchierini puliti. (*il servitore glieli porta sopra una sottocoppa*)
MIRANDOLINA. Per me non ne voglio piú.
MARCHESE. No, no, non dubitate; non faccio per voi. (*mette del vino di Cipro nei tre bicchierini*) Galantuomo, con licenza del vostro padrone, andate dal Conte d'Albafiorita, e diteglì per parte mia, forte, che tutti sentano, che lo prego di assaggiare un poco del mio vin di Cipro.
SERVITORE. Sarà servita. (Questo non li ubriaca certo). (*parte*)
CAVALIERE. Marchese, voi siete assai generoso.
MARCHESE. Io? Domandatelo a Mirandolina.
MIRANDOLINA. Oh, certamente.
MARCHESE (*a Mirandolina*). L'ha veduto il fazzoletto il Cavaliere?
MIRANDOLINA. Non lo ha ancora veduto.
MARCHESE (*al Cavaliere*). Lo vedrete. Questo poco di balsamo me lo salvo[21a] per questa sera. (*ripone la bottiglia con un dito di vino avanzato*)
MIRANDOLINA. Badi che non gli faccia male, signor Marchese.
MARCHESE (*a Mirandolina*). Eh! Sapete che cosa mi fa male?
MIRANDOLINA. Che cosa?
MARCHESE. I vostri belli[22] occhi.
MIRANDOLINA. Davvero?
MARCHESE. Cavaliere mio, io sono innamorato di costei perdutamente.
CAVALIERE. Me ne dispiace.

[21a] *me lo salvo* should be *me lo serbo*
[22] *belli* = *begli*

MARCHESE. Voi non avete mai provato amore per le donne? Oh, se lo provaste, compatireste ancora me.
CAVALIERE. Sí, vi compatisco.
MARCHESE. E son geloso come una bestia. La lascio stare vicino a voi, perché so chi siete; per altro non lo soffrirei per cento mila doppie.
CAVALIERE. (Costui principia a seccarmi).

SCENA VII

Il SERVITORE *con una bottiglia sulla sottocoppa, e detti.*

SERVITORE (*al Marchese*). Il signor Conte ringrazia V. E. e le manda una bottiglia di vino di Canarie.
MARCHESE. Oh, oh, vorrà mettere il suo vino di Canarie col mio vino di Cipro! Lascia vedere. Povero pazzo! È una porcheria, lo conosco all'odore. (*s'alza, e tiene la bottiglia in mano*)
CAVALIERE (*al Marchese*). Assaggiate prima.
MARCHESE. Non voglio assaggiar niente. Questa è un'impertinenza che mi fa il Conte, compagna di tante altre. Vuol sempre starmi al di sopra. Vuol soverchiarmi, vuol provocarmi, per farmi far delle bestialità.[23] Ma, giuro al cielo, ne farò una che varrà per cento, Mirandolina, se non lo cacciate via, nasceranno delle cose grandi,[24] sí, nasceranno delle cose grandi. Colui è un temerario. Io son chi sono, e non voglio soffrire simili affronti. (*parte e porta via la bottiglia*)

SCENA VIII

Il CAVALIERE, MIRANDOLINA, *ed il* SERVITORE.

CAVALIERE. Il povero Marchese è pazzo.
MIRANDOLINA. Se, a caso mai,[25] la bile gli facesse male, ha portato via la bottiglia per ristorarsi.
CAVALIERE. È pazzo, vi dico. E voi lo avete fatto impazzare.
MIRANDOLINA. Sono io di quelle che fanno impazzare gli uomini?
CAVALIERE (*con affanno*). Sí, voi lo siete...
MIRANDOLINA (*s'alza*). Signor Cavaliere, con sua licenza.

---
[23] "He wants to outdo me . . . to make me commit some foolish acts."
[24] "there will be a great row,"
[25] One would now say *caso mai* instead of *a caso mai*.

CAVALIERE. Fermatevi.
MIRANDOLINA (*andando*). Perdoni; io non faccio impazzar nessuno.
CAVALIERE. Ascoltatemi. (*s'alza, ma resta alla tavola*)
MIRANDOLINA. Scusi.
CAVALIERE (*con imperio*). Fermatevi, vi dico.
MIRANDOLINA (*con alterezza voltandosi*). Che pretende da me?
CAVALIERE. Nulla. (*si confonde*) Beviamo un altro bicchier di Borgogna.
MIRANDOLINA. Via, signore, presto, presto; ché me ne vada.
CAVALIERE. Sedete.
MIRANDOLINA. In piedi, in piedi.
CAVALIERE. Tenete. (*con dolçezza le dà il bicchiere*)
MIRANDOLINA. Faccio un brindisi, e me ne vado subito. Un brindisi, che mi ha insegnato mia nonna.

Viva Bacco, e viva Amore:
L'uno e l'altro ci consola;
Uno passa per la gola,
L'altro va dagli occhi al cuore.
Bevo il vin, cogli occhi poi....
Faccio quel che fate voi. (*parte*)

SCENA IX

Il CAVALIERE, *ed il* SERVITORE.

CAVALIERE. Bravissima, venite qui; sentite. Ah malandrina! Se n'è fuggita. Se n'è fuggita, e mi ha lasciato cento diavoli che mi tormentano.
SERVITORE (*al Cavaliere*). Comanda la frutta in tavola?
CAVALIERE. Va' al diavolo ancor tu. (*il servitore parte*) Bevo il vin, cogli occhi poi.... Faccio quel che fate voi? Che brindisi misterioso è questo? Ah maledetta, ti conosco. Mi vuoi abbattere, mi vuoi assassinare. Ma lo fa con tanta grazia! Ma sa cosí bene insinuarsi.... Diavolo, diavolo, me la farai tu vedere?[26] No, anderò a Livorno. Costei non la voglio piú rivedere. Che non mi venga piú tra i piedi. Maledettissime donne! Dove vi sono donne, lo giuro, non vi andrò mai piú. (*parte*)

---

[26] "will you show me up?"

SCENA X

Camera del Conte.

Il CONTE D'ALBAFIORITA, ORTENSIA, *e* DEJANIRA.

CONTE. Il Marchese di Forlipopoli è un carattere curiosissimo. È nato nobile, non si può negare; ma fra suo padre e lui hanno dissipato, ed ora non[27] ha appena da vivere. Tuttavolta gli piace fare il grazioso.[28]
ORTENSIA. Si vede che vorrebbe esser generoso, ma non ne ha.
DEJANIRA. Dona quel poco che può, e vuole che tutto il mondo lo sappia.
CONTE. Questo sarebbe un bel carattere per una delle vostre commedie.
ORTENSIA. Aspetti che arrivi la compagnia, e che si vada in teatro e può darsi che ce lo godiamo.[29]
DEJANIRA. Abbiamo noi dei personaggi che per imitar i caratteri son fatti a posta.
CONTE. Ma se volete che ce la godiamo, bisogna che con lui seguitiate a fingervi dame.
ORTENSIA. Io lo farò certo. Ma Dejanira subito dà di bianco.[30]
DEJANIRA. Mi vien da ridere, quando i gonzi mi credono una signora.
CONTE. Con me avete fatto bene a scoprirvi. In questa maniera mi date campo[31] di poter far qualche cosa in vostro vantaggio.
ORTENSIA. Il signor Conte sarà il nostro protettore.
DEJANIRA. Siamo amiche, goderemo unitamente le di lei grazie.
CONTE. Vi dirò. Vi parlerò con sincerità. Vi servirò dove potrò farlo, ma ho un certo impegno che non mi permetterà frequentare la vostra casa.
ORTENSIA. Ha qualche amoretto il signor Conte?
CONTE. Sí, ve lo dirò in confidenza. La padrona della locanda.
ORTENSIA. Capperi! Veramente una gran signora! Mi maraviglio di lei, signor Conte, che si perda con una locandiera!
DEJANIRA. Sarebbe minor male che si compiacesse d'impiegare le sue finezze per una comica.
CONTE. Il far all'amore con voi altre, per dirvela, mi piace poco. Ora ci siete, ora non ci siete.[32]

---
[27] *non* is now superfluous and should not be translated.
[28] "Nevertheless, he likes to play the gallant."
[29] "and perhaps we can have some fun at his expense."
[30] "But Dejanira quickly drops her mask." Actors' slang.
[31] "This way you give me the opportunity"
[32] "Now you're here, now you're not."

ORTENSIA. Non è meglio cosí, signore? In questa maniera non si eternano le amicizie e gli uomini non si rovinano.
CONTE. Ma io, tant'è, sono impegnato; le voglio bene e non la vo'[33] disgustare.
DEJANIRA. Ma che cosa ha di buono costei?
CONTE. Oh! Ha del buono assai.
ORTENSIA. Ehi, Dejanira! (*fa cenno che si belletta*)[34] È bella, rossa.
CONTE. Ha un grande spirito.
DEJANIRA. Oh, in materia di spirito, la vorreste metter con noi?
CONTE. Ora basta. Sia come esser si voglia,[35] Mirandolina mi piace e, se volete la mia amicizia, avete a dirne bene, altrimenti fate conto di non avermi mai conosciuto.
ORTENSIA. Oh, signor Conte, per me dico che Mirandolina è una Dea Venere.
DEJANIRA. Sí, sí, è vero. Ha dello spirito, parla bene.
CONTE. Ora mi date gusto.
ORTENSIA. Quando non vuol altro, sarà servito.
CONTE (*osservando dentro la scena*). Oh! Avete veduto quello ch'è passato per la sala.
ORTENSIA. L'ho veduto.
CONTE. Quello è un altro bel carattere da commedia.
ORTENSIA. In che genere?
CONTE. È uno che non può vedere le donne.
DEJANIRA. Avrà qualche brutta memoria di qualche donna.
CONTE. Oibò; non è mai stato innamorato. Non ha mai voluto trattar con donne. Le sprezza tutte; basta dire che egli disprezza ancora Mirandolina.
ORTENSIA. Poverino! Se mi ci mettessi attorno io, scommetto lo farei cambiar opinione.
DEJANIRA. Veramente una gran cosa! Questa è un'impresa che la vorrei pigliar sopra di me.
CONTE. Sentite, amiche. Cosí per puro divertimento. Se vi dà l'animo d'innamorarlo, da cavaliere vi faccio un bel regalo.
ORTENSIA. Io non intendo esser ricompensata per questo; lo farò per mio spasso.
DEJANIRA. Se il signor Conte vuol usarci qualche finezza non l'ha da fare per questo. Sinché arrivano i nostri compagni, ci divertiremo un poco.
CONTE. Dubito che non farete niente.
ORTENSIA. Signor Conte, ha poca stima di noi.

---
[33] *vo'* = *voglio*
[34] *si belletta* = *s'imbelletta*
[35] "Be that as it may,"

DEJANIRA. Non siamo vezzose come Mirandolina, ma finalmente sappiamo qualche poco il viver del mondo.
CONTE. Volete che lo mandiamo a chiamare?
ORTENSIA. Faccia come vuole.
CONTE. Ehi? Chi è di là?

SCENA XI

Il SERVITORE *del* CONTE, *e detti.*

CONTE. Di' al Cavaliere di Ripafratta, che favorisca venir da me, che mi preme parlargli. (*al servitore*)
SERVITORE. Nella sua camera so che non c'è.
CONTE. L'ho veduto andar verso la cucina. Lo troverai.
SERVITORE. Subito. (*parte*)
CONTE. (Che mai è andato a far verso la cucina? Scommetto che è andato a strapazzare Mirandolina, perché gli ha dato mal da mangiare).
ORTENSIA. Signor Conte, io aveva pregato il signor Marchese che mi mandasse il suo calzolaro, ma ho paura di non vederlo.
CONTE. Non pensate altro. Vi servirò io.
DEJANIRA. A me aveva il signor marchese promesso un fazzoletto. Ma... ora me lo porta!
CONTE. Dei fazzoletti ne troveremo.
DEJANIRA. Egli è che ne avevo proprio di bisogno.[36]
CONTE (*le offre il suo di seta*). Se questo vi gradisce, siete padrona! È pulito.
DEJANIRA. Obbligatissima alle sue finezze.
CONTE. Oh! Ecco il Cavaliere. Sarà meglio che sostenghiate[37] il carattere di dame per poterlo meglio obbligare ad ascoltarvi per civiltà. Ritiratevi un poco indietro; ché, se vi vede, fugge.
ORTENSIA. Come si chiama?
CONTE. Il Cavaliere di Ripafratta, toscano.
DEJANIRA. Ha moglie?
CONTE. Non può vedere le donne.
ORTENSIA (*ritirandosi*). È ricco?
CONTE. Sí. Molto.
DEJANIRA (*ritirandosi*). È generoso?

---

[36] "The fact is that I really needed it."
[37] *sostenghiate* = *sosteniate*

CONTE. Piuttosto.
DEJANIRA (*si ritira*). Venga, venga.
ORTENSIA (*si ritira*). Tempo, e non dubiti.

SCENA XII

Il CAVALIERE *e detti.*

CAVALIERE. Conte, siete voi che mi volete?
CONTE. Sí; io vi ho dato il presente incomodo.
CAVALIERE. Che cosa posso far per servirvi?
CONTE. Queste due dame hanno bisogno di voi. (*gli addita le due donne, le quali subito s'avanzano*).
CAVALIERE. Disimpegnatemi,[38] io non ho tempo di trattenermi.
ORTENSIA. Signor Cavaliere, non intendo di recargli[38a] incomodo.
DEJANIRA. Una parola, in grazia, signor Cavaliere.
CAVALIERE. Signore mie, vi supplico perdonarmi. Ho un affare di premura.
ORTENSIA. In due parole vi sbrighiamo.
DEJANIRA. Due paroline e non piú, signore.
CAVALIERE. (Maledettissimo Conte!)
CONTE. Caro amico, due dame che pregano, vuole la civiltà che si ascoltino.
CAVALIERE (*alle donne con serietà*). Perdonate. In che vi posso servire?
ORTENSIA. Non siete voi toscano, signore?
CAVALIERE. Sí, signora.
DEJANIRA. Avrete degli amici in Firenze?
CAVALIERE. Ho degli amici e ho dei parenti.
DEJANIRA. Sappiate, signore.... (*ad Ortensia*) Amica, principiate a dir voi.
ORTENSIA. Dirò, signor Cavaliere... Sappia, che un certo caso....
CAVALIERE. Via, signore, vi supplico. Ho un affar di premura.
CONTE (*partendo*). Orsú, capisco, che la mia presenza vi dà soggezione. Confidatevi con libertà al Cavaliere, ch'io vi levo l'incomodo.
CAVALIERE. No, amico, restate.... sentite....
CONTE. So il mio dovere. Servo di lor signore. (*parte*)

---

[38] "Excuse me,"
[38a] *recargli* = *recarle*

SCENA XIII

ORTENSIA, DEJANIRA, ed il CAVALIERE.

ORTENSIA. Favorisca, sediamo.
CAVALIERE. Scusi, non ho volontà di sedere.
DEJANIRA. Cosí rustico colle donne?
CAVALIERE. Favoriscano dirmi che cosa vogliono.
ORTENSIA. Abbiamo bisogno del vostro aiuto, della vostra protezione, della vostra bontà.
CAVALIERE. Che cosa vi è accaduto?
DEJANIRA. I nostri mariti ci hanno abbandonate.
CAVALIERE (con altrezza). Abbandonate? Come! Due dame abbandonate? Chi sono i vostri mariti?
DEJANIRA (ad Ortensia). Amica, non vado avanti sicuro.
ORTENSIA. (È tanto indiavolato, che or ora mi confondo ancor io).
CAVALIERE (in atto di partire). Signore, vi riverisco.
ORTENSIA. Come! Cosí ci trattate!
DEJANIRA. Un Cavaliere tratta cosí?
CAVALIERE. Perdonatemi. Io son uno che amo assai la mia pace. Sento due dame abbandonate dai loro mariti. Qui ci saranno degl'impegni non pochi; io non son atto a' maneggi.[39] Vivo a me stesso; dame riveritissime, da me non potete sperare né consiglio, né aiuto.
ORTENSIA. Oh, via dunque; non lo teniamo piú in soggezione il nostro amabilissimo Cavaliere.
DEJANIRA. Sí, parliamogli con sincerità.
CAVALIERE. Che nuovo linguaggio è questo?
ORTENSIA. Noi non siamo dame.
CAVALIERE. No?
DEJANIRA. Il signor Conte ha voluto farvi uno scherzo.
CAVALIERE. Lo scherzo è fatto. (vuol partire) Vi riverisco.
ORTENSIA. Fermatevi un momento.
CAVALIERE. Che cosa volete?
DEJANIRA. Degnateci per un momento della vostra amabile conversazione.
CAVALIERE. Ho da fare. Non posso trattenermi.
ORTENSIA. Non vi vogliamo già mangiar niente.[40]
DEJANIRA. Non vi leveremo la vostra riputazione.
ORTENSIA. Sappiamo che non potete veder le donne.

---
[39] "Here there must be not a few difficulties; I'm not good at intrigues."
[40] "We don't want to get anything out of you."

CAVALIERE. Se lo sapete, l'ho caro. (*vuol partire*) Vi riverisco.
ORTENSIA. Ma, sentite; noi non siamo donne che possano darvi ombra.
CAVALIERE. Chi siete?
ORTENSIA. Ditelo voi, Dejanira.
DEJANIRA. Glielo potete dire anche voi.
CAVALIERE. Via, chi siete?
ORTENSIA. Siamo due commedianti.
CAVALIERE. Due commedianti! Parlate, parlate, ché non ho piú paura di voi. Sono ben prevenuto in favore dell'arte vostra.
ORTENSIA. Che vuol dire? Spiegatevi.
CAVALIERE. So che fingete, in iscena e fuori di scena; e con tal prevenzione non ho paura di voi.
DEJANIRA. Signore, fuori di scena io non so fingere.
CAVALIERE (*a Dejanira*). Come si chiama ella? La signora Sincera?
DEJANIRA. Io mi chiamo...
CAVALIERE (*ad Ortensia*). È ella la signora Buona Lana?[41]
ORTENSIA. Caro signor Cavaliere...
CAVALIERE (*ad Ortensia*). Come si diletta di miccheggiare?
ORTENSIA. Io non sono...
CAVALIERE (*a Dejanira*). I gonzi come li tratta, padrona mia?
DEJANIRA. Non son di quelle...
CAVALIERE. Anch'io so parlar in gergo.
ORTENSIA. O che caro signor Cavaliere! (*vuol prenderlo per un braccio*)
CAVALIERE (*dandole nelle mani*). Basse le cere.[42]
ORTENSIA. Diamine! Ha piú del contrasto che del Cavaliere.
CAVALIERE. Contrasto vuol dire contadino. Vi ho capito, e vi dirò che siete due impertinenti.
DEJANIRA. A me questo?
ORTENSIA. A una donna della mia sorte?
CAVALIERE (*ad Ortensia*). Bello quel viso trionfato![43]
ORTENSIA. (Asino!). (*parte*)
CAVALIERE (*a Dejanira*). Bello quel tuppè finto![44]
DEJANIRA. (Maledetto!). (*parte*)

---

[41] "Are you Mistress Bonnyrogue?"
[42] "Down with your paws." Actors' slang.
[43] "That painted face is nice!"
[44] "That false toupee is nice!"

SCENA XIV

Il Cavaliere, *poi il di lui* Servitore.

Cavaliere. Ho trovata ben io la maniera di farle andare. Che si pensavano? Di tirarmi nella rete? Povere sciocche! Vadano ora dal Conte e gli narrino la bella scena. Se erano due dame, per rispetto, mi conveniva fuggire; ma, quando posso, le donne le strapazzo col maggior piacere del mondo. Non ho però potuto strapazzare Mirandolina. Ella mi ha vinto con tanta civiltà, che mi trovo obbligato quasi ad amarla. Ma è donna; non me ne voglio fidare. Voglio andar via. Domani anderò via. Ma se aspetto a domani? Se vengo questa sera a dormir a casa, chi mi assicura che Mirandolina non finisca di rovinarmi? (*pensa*) Sí; facciamo una risoluzione da uomo.

Servitore. Signore.

Cavaliere. Che cosa vuoi?

Servitore. Il signor Marchese è nella di lei camera che l'aspetta perché desidera di parlargli.

Cavaliere. Che vuole codesto pazzo? Denari non me ne cava più di sotto.[45] Che aspetti, e quando sarà stracco di aspettare, se n'anderà. Va' dal cameriere della locanda, e digli che subito porti il mio conto.

Servitore (*in atto di partire*). Sarà obbedita.

Cavaliere. Senti. Fa' che da qui a due ore siano pronti i bauli.

Servitore. Vuol partir forse?

Cavaliere. Sí, portami qui la spada ed il cappello, senza che se n'accorga il Marchese.

Servitore. Ma se mi vede fare i bauli?

Cavaliere. Dica ciò che vuole. M'hai inteso?

Servitore. (Oh quanto mi dispiace andar via per causa di Mirandolina!)

Cavaliere. Eppur è vero, io sento nel partire di qui una dispiacenza nuova, che non ho mai provata. Tanto peggio per me se vi restassi. Tanto piú presto mi convien partire. Sí, donne, sempre piú dirò male di voi; sí, voi ci fate del male ancora quando ci volete far del bene.

---

[45] "He'll get no more money out of me."

SCENA XV

FABRIZIO, e detto.

FABRIZIO. È vero, signore, che vuole il conto?
CAVALIERE. Sí, l'avete portato?
FABRIZIO. Adesso la padrona lo fa.
CAVALIERE. Ella fa i conti?
FABRIZIO. Oh, sempre ella, Anche quando viveva suo padre. Scrive e sa far di conto meglio di qualche giovane di negozio.
CAVALIERE. (Che donna singolare è costei!)
FABRIZIO. Ma vuol ella andar via cosí presto?
CAVALIERE. Sí, cosí vogliono i miei affari.
FABRIZIO. La prego di ricordarsi del cameriere.
CAVALIERE. Portate il conto, e so quello che devo fare.
FABRIZIO. Lo vuol qui il conto?
CAVALIERE. Lo voglio qui; in camera per ora non ci vado.
FABRIZIO. Fa bene; in camera sua vi è quel seccatore del signor Marchese. Carino! Fa l'innamorato della padrona; ma può leccarsi le dita.[46] Mirandolina deve esser mia moglie.
CAVALIERE (alterato). Il conto!
FABRIZIO. La servo subito. (parte)

SCENA XVI

Il CAVALIERE solo.

Tutti son invaghiti di Mirandolina. Non è meraviglia se ancor io principiava a sentirmi accendere. Ma anderò via: supererò questa incognita forza... Che vedo? Mirandolina? Che vuole da me? Ha un foglio in mano. Mi porterà il conto. Che cosa ho da fare? Convien soffrire quest'ultimo assalto. Già, da qui a due ore[46a] io parto.

---

[46] "He's in love with my mistress; but he can lick his fingers." (i.e., "he can smack his lips in vain.")
[46a] "two hours from now,"

SCENA XVII

MIRANDOLINA *con un foglio in mano, e detto.*

MIRANDOLINA. Signore.... (*mestamente*)
CAVALIERE. Che c'è, Mirandolina?
MIRANDOLINA. Perdoni. (*stando indietro*)
CAVALIERE. Venite avanti.
MIRANDOLINA (*mestamente*). Ha domandato il suo conto; l'ho servita.
CAVALIERE. Date qui.
MIRANDOLINA. Eccolo. (*si asciuga gli occhi col grembiale nel dargli il conto*)
CAVALIERE. Che avete? Piangete?
MIRANDOLINA. Niente, signore, mi è andato del fumo negli occhi.
CAVALIERE. Del fumo negli occhi? Eh basta... Quanto importa il conto? (*legge*) Venti paoli? In quattro giorni un trattamento cosí generoso, venti paoli?
MIRANDOLINA. Quello è il suo conto.
CAVALIERE. E i due piatti particolari che mi avete dato questa mattina, non ci sono nel conto?
MIRANDOLINA. Perdoni. Quel che io dono non lo metto in conto.
CAVALIERE. Me gli avete voi regalati?
MIRANDOLINA. Perdoni la libertà. Gradisca per un atto di... (*si cuopre[47] mostrando di piangere*)
CAVALIERE. Ma che avete?
MIRANDOLINA. Non so se sia il fumo, o qualche flussione di occhi.
CAVALIERE. Non vorrei che aveste patito cucinando per me quelle due preziose vivande.
MIRANDOLINA. Se fosse per questo, lo soffrirei.... (*mostra trattenersi di piangere*) volentieri...
CAVALIERE. (Eh, se non vado via!) Orsú, tenete. Queste sono due doppie. Godetele per amor mio... (*s'imbroglia*) e compatitemi....
MIRANDOLINA (*senza parlare, cade come svenuta sopra una sedia*).
CAVALIERE. Mirandolina. Aimè! Mirandolina. È svenuta. Che fosse innamorata di me?[48] Ma cosí presto? E perché no? Non sono io innamorato di lei? Cara Mirandolina... Io caro ad una donna? Ma se è svenuta per me. Oh, come tu sei bella! Avessi qualche cosa per farla rinvenire. Io che non pratico donne non ho spirito, non ho ampolle. Chi è di là? Vi è nessuno? Presto... Anderò io. Poverina! che tu sia benedetta! (*parte e poi ritorna*)

---

[47] *cuopre* = *copre*
[48] "Could it be that she's in love with me?"

62

MIRANDOLINA. Ora poi è caduto affatto. Molte sono le nostre armi, colle quali si vincono gli uomini. Ma quando sono ostinati, il colpo di riserva[49] sicurissimo è uno svenimento. Torna, torna. (*si mette come sopra*) CAVALIERE (*torna con un vaso d'acqua*). Eccomi, eccomi. E non è ancor rinvenuta? Ah, certamente, costei mi ama. Spruzzandole l'acqua in viso, dovrebbe rinvenire. (*la spruzza, ed ella si va muovendo*). Animo, animo! Son qui, cara. Non partirò piú per ora.

SCENA XVIII

Il SERVITORE *colla spada e cappello, e detti.*

SERVITORE (*al Cavaliere*). Ecco la spada ed il cappello.
CAVALIERE (*al servitore*). Va' via.
SERVITORE. I bauli...
CAVALIERE. Va' via; che tu sia maledettto!
SERVITORE. Mirandolina...
CAVALIERE. Va', che ti spacco la testa! (*lo minaccia col vaso. Il servitore parte*) E non rinviene ancora? La fronte le suda. Via, cara Mirandolina, fatevi coraggio, aprite gli occhi. Parlatemi con libertà.

SCENA XIX

Il MARCHESE, *ed il* CONTE, *e detti.*

MARCHESE. Cavaliere?
CONTE. Amico?
CAVALIERE. (Oh maledetti!)
MARCHESE (*va smaniando*). Mirandolina?
MIRANDOLINA (*s'alza*). Oimè!
MARCHESE. Io l'ho fatta rinvenire.
CONTE. Mi rallegro, signor Cavaliere!
MARCHESE. Bravo quel signore che non può vedere le donne!
CAVALIERE. Che impertinenza!
CONTE. Siete caduto?

---

[49] "the *coup de grâce.*"

CAVALIERE. Andate al diavolo quanti siete.[50] (*getta il vaso in terra, e lo rompe verso il Conte ed il Marchese, e parte furiosamente*)
CONTE. Il Cavaliere è divenuto pazzo. (*parte*)
MARCHESE. Di questo affronto voglio soddisfazione. (*parte*)
MIRANDOLINA. L'impresa è fatta. Il di lui cuore è in fuoco, in fiamma, in cenere. Restami solo, per compiere la mia vittoria, che si renda pubblico il mio trionfo, a scorno degli uomini presuntuosi e ad onore del nostro sesso. (*parte*)

---

[50] "Go to blazes all of you."

ATTO TERZO

SCENA PRIMA

Camera di Mirandolina con tavolino e biancheria da stirare.

MIRANDOLINA, *poi* FABRIZIO

MIRANDOLINA. Orsú, l'ora del divertimento è passata. Voglio ora badare a' fatti miei. Prima che questa biancheria si prosciughi del tutto, voglio stirarla. Eh, Fabrizio?
FABRIZIO. Signora.
MIRANDOLINA. Fatemi un piacere. Portatemi il ferro caldo.
FABRIZIO (*con serietà in atto di partire*). Signora, sí.
MIRANDOLINA. Scusate, se do a voi questo disturbo.
FABRIZIO. Niente, Signora. Finché io mangio il vostro pane, sono obbligato a servirvi. (*vuol partire*)
MIRANDOLINA. Fermatevi, sentite: non siete obbligato a servirmi in queste cose; ma so che per me lo fate volentieri, ed io... basta, non dico altro.
FABRIZIO. Per me vi porterei l'acqua colle orecchie. Ma vedo che tutto è gettato via.
MIRANDOLINA. Perché gettato via? Sono forse un'ingrata?
FABRIZIO. Voi non degnate i poveri uomini. Vi piace troppo la nobiltà.
MIRANDOLINA. Uh, povero pazzo! Se vi potessi dir tutto! Via, via, andatemi a pigliar il ferro.
FABRIZIO. Ma se ho veduto io con questi miei occhi....
MIRANDOLINA. Andiamo, meno ciarle. Portatemi il ferro.
FABRIZIO (*andando*). Vado, vado, vi servirò, ma per poco.
MIRANDOLINA (*mostrando parlar da sé, ma per esser sentita*). Con questi uomini, piú che loro si vuol bene, si fa peggio.[1]
FABRIZIO (*con tenerezza tornando indietro*). Che cosa avete detto?
MIRANDOLINA. Via, mi portate questo ferro?
FABRIZIO. Sí, ve lo porto. (Non so niente. Ora la mi tira su, ora la mi butta giú. Non so niente). (*parte*)

---

[1] "With these men the better you like them, the worse you fare."

SCENA II

MIRANDOLINA, *poi il* SERVITORE *del* CAVALIERE.

MIRANDOLINA. Povero sciocco! Mi ha da servire a suo marcio dispetto. Mi par di ridere a far che gli uomini facciano a modo mio.[2] E quel caro signor Cavaliere che era tanto nemico delle donne, ora, se volessi, sarei padrona di fargli fare qualunque bestialità.
SERVITORE. Signora Mirandolina?
MIRANDOLINA. Che c'è, amico?
SERVITORE. Il mio padrone la riverisce e manda a vedere come sta.
MIRANDOLINA. Ditegli che sto benissimo.
SERVITORE. Dice cosí, che beva un poco di questo spirito di melissa, che le farà assai bene. (*le dà una boccetta d'oro*)
MIRANDOLINA. È d'oro questa boccetta?
SERVITORE. Sí signora, d'oro; lo so di sicuro.
MIRANDOLINA. Perché non mi ha dato lo spirito di melissa, quando mi è venuto quell'orribile svenimento?
SERVITORE. Allora questa boccetta egli non l'aveva.
MIRANDOLINA. Ed ora come l'ha avuta?
SERVITORE. Sentite. In confidenza. Mi ha mandato ora a chiamar un orefice, l'ha comperata, e l'ha pagata dodici zecchini, e poi mi ha mandato dallo speziale a comperar lo spirito.
MIRANDOLINA. Ah, ah, ah!
SERVITORE. Ridete?
MIRANDOLINA. Rido, perché mi manda il medicamento quando son guarita del male.
SERVITORE. Sarà buono per un'altra volta.
MIRANDOLINA. Via, ne beverò un poco per preservativo.[2a] (*beve; gli vuol dar la boccetta*) Tenete, ringraziatelo.
SERVITORE. Oh! La boccetta è vostra.
MIRANDOLINA. Come mia?
SERVITORE. Sí. Il padrone l'ha comprata a posta.
MIRANDOLINA. A posta per me?
SERVITORE. Per voi; ma zitta.
MIRANDOLINA. Portategli la sua boccetta, e ditegli che lo ringrazio.
SERVITORE. Eh, via!
MIRANDOLINA. Vi dico che gliela portiate, che non la voglio.
SERVITORE. Gli volete far questo affronto?

---

[2] "I like to make men do as I please."
[2a] "as a preventive."

MIRANDOLINA. Meno ciarle. Fate il vostro dovere. Tenete.
SERVITORE. Non occorr'altro. Gliela porterò. (Oh che donna! Ricusa dodici zecchini! Una simile non l'ho piú ritrovata, e durerò fatica a trovarla). (*parte*)

SCENA III

MIRANDOLINA, poi FABRIZIO

MIRANDOLINA. Uh, è cotto, stracotto e biscottato![3] Ma siccome quel che ho fatto con lui non l'ho fatto per interesse, voglio ch'ei confessi la forza delle donne, senza poter dire che sono interessate e venali.
FABRIZIO (*sostenuto, col ferro da stirare in mano*). Ecco qui il ferro.
MIRANDOLINA. È ben caldo?
FABRIZIO. Signora sí, è caldo; cosí foss'io abbruciato.
MIRANDOLINA. Che cosa vi è di nuovo?
FABRIZIO. Questo signor Cavaliere manda le ambasciate, manda i regali. Il servitore me l'ha detto.
MIRANDOLINA. Signor sí, mi ha mandato una boccettina d'oro, ed io gliel'ho rimandata indietro.
FABRIZIO. Glie l'avete rimandata indietro?
MIRANDOLINA. Sí, domandatelo al servitore medesimo.
FABRIZIO. Perché gliel'avete rimandata indietro?
MIRANDOLINA. Perché... Fabrizio... non dica... Orsú, non parliamo altro.
FABRIZIO. Cara Mirandolina, compatitemi.
MIRANDOLINA. Via, andate, lasciatemi stirare.
FABRIZIO. Io non v'impedisco di fare...
MIRANDOLINA. Andatemi a preparare un altro ferro e quando è caldo, portatelo.
FABRIZIO. Sí, vado. Credetemi, che se parlo....
MIRANDOLINA. Non dite altro. Mi fate venir la rabbia.
FABRIZIO. Sto cheto. (Ella è una testolina bizzarra, ma le voglio bene). (*parte*)
MIRANDOLINA (*va stirando*). Anche questa è nuova. Mi faccio merito con Fabrizio d'aver ricusata la boccetta d'oro del Cavaliere. Questo vuol dir saper vivere, saper fare, saper profittare di tutto, con buona grazia, con pulizia, con un poco di disinvoltura. In materia d'accortezza non voglio che si dica ch'io faccio torto al sesso.

---

[3] "Oh, he's cooked, more than cooked, overcooked!"

SCENA IV

Il CAVALIERE *e detta.*

CAVALIERE (*da sé, indietro*). (Eccola. Non ci volevo venire, e il diavolo mi ci ha trascinato).
MIRANDOLINA (*lo vede colla coda dell'occhio, e stira*). (Eccolo, eccolo).
CAVALIERE. Mirandolina?
MIRANDOLINA (*stirando*). Oh, signor Cavaliere! Serva umilissima.
CAVALIERE. Come state?
MIRANDOLINA (*stirando senza guardarlo*). Benissimo, per servirla.
CAVALIERE. Ho motivo di dolermi di voi.
MIRANDOLINA (*guardando un poco*). Perché, signore?
CAVALIERE. Perché avete ricusato una piccola boccettina che vi ho mandato?
MIRANDOLINA (*stirando*). Che voleva ch'io ne facessi?
CAVALIERE. Servirvene nelle occorrenze.
MIRANDOLINA (*stirando*). Per grazia del cielo, non sono soggetta agli svenimenti. Mi è accaduto oggi quello che non mi accadrà mai piú.[4]
CAVALIERE. Cara Mirandolina.... non vorrei esser io stato cagione di quel funesto accidente.
MIRANDOLINA (*stirando*). E sí, ho timore che ella appunto ne sia stata la causa.
CAVALIERE (*con passione*). Io? Davvero?
MIRANDOLINA (*stirando con rabbia*). Mi ha fatto bere quel maledetto vino di Borgogna, e mi ha fatto male.
CAVALIERE (*rimane mortificato*). Come? Possibile?
MIRANDOLINA (*stirando*). È cosí senz'altro. In camera sua non ci vengo mai piú.
CAVALIERE (*amoroso*). V'intendo. In camera mia non ci verrete piú? Capisco il mistero. Sí, lo capisco. Ma veniteci, cara, ché vi chiamerete contenta.
MIRANDOLINA. Questo ferro è poco caldo; (*forte verso la scena*) ehi, Fabrizio? Se l'altro ferro è caldo, portatelo.
CAVALIERE. Fatemi questa grazia, tenete questa boccetta.
MIRANDOLINA (*con disprezzo stirando*). In verità, signor Cavaliere, dei regali io non ne prendo.
CAVALIERE. Gli avete pur presi dal Conte d'Albafiorita.
MIRANDOLINA (*stirando*). Per forza. Per non disgustarlo.[5]

---

[4] "never again."
[5] "Necessarily. Not to get him angry."

CAVALIERE. E vorreste fare a me questo torto, e disgustarmi?
MIRANDOLINA. Che importa a lei che una donna la disgusti? Già, le donne non le può vedere.
CAVALIERE. Ah, Mirandolina?! Ora non posso dire cosí.
MIRANDOLINA. Signor Cavaliere, a che ora fa la luna nuova?
CAVALIERE. Il mio cambiamento non è lunatico.[6] Questo è un prodigio della vostra bellezza, della vostra grazia.
MIRANDOLINA (*ride forte e stira*). Ah, ah, ah!
CAVALIERE. Ridete?
MIRANDOLINA. Non vuol che rida? Mi burla, e non vuol ch'io rida?
CAVALIERE. Eh furbetta? Vi burlo eh? Via, prendete questa boccetta.
MIRANDOLINA (*stirando*). Grazie, grazie.
CAVALIERE. Prendetela, o mi fate andare in collera.
MIRANDOLINA (*chiamando forte con caricatura*). Fabrizio, il ferro!
CAVALIERE (*alterato*). La prendete, o non la prendete?
MIRANDOLINA. Furia, furia. (*prende la boccetta, e con disprezzo la getta nel paniere della biancheria*).
CAVALIERE. La gettate cosí?
MIRANDOLINA (*chiama forte come sopra*). Fabrizio!?

SCENA V

FABRIZIO *col ferro, e detti.*

FABRIZIO. Son qua. (*vedendo il Cavaliere s'ingelosisce*)
MIRANDOLINA (*prende il ferro*). È caldo bene?
FABRIZIO (*sostenuto*). Signora sí.
MIRANDOLINA (*a Fabrizio con tenerezza*). Che avete, che mi parete turbato?[7]
FABRIZIO. Niente, padrona, niente.
MIRANDOLINA (*come sopra*). Avete male?
FABRIZIO. Datemi l'altro ferro, se volete che lo metta nel fuoco.
MIRANDOLINA (*come sopra*). In verità, ho paura che abbiate male.
CAVALIERE. Via, dategli il ferro, e che se ne vada.
MIRANDOLINA (*al Cavaliere*). Gli voglio bene, sa ella? È il mio cameriere fidato.
CAVALIERE (*da sé smaniando*). (Non posso piú).[8]

---
[6] "My changing is not lunacy."
[7] "What's wrong with you, you look troubled?"
[8] "(I can't bear it any longer)." The more common modern Italian is *non ne posso piú.*

MIRANDOLINA (*dà il ferro a Fabrizio*). Tenete, caro, scaldatelo.
FABRIZIO (*con tenerezza*). Signora padrona....
MIRANDOLINA (*lo scaccia*). Via, via, presto!
FABRIZIO. (Che vivere è questo! Sento, che non posso più.) (*parte*)

SCENA VI

Il CAVALIERE, *e* MIRANDOLINA.

CAVALIERE. Gran finezze, signora, al suo cameriere!
MIRANDOLINA. E per questo, che cosa vorrebbe dire?
CAVALIERE. Si vede che ne siete invaghita.
MIRANDOLINA (*stirando*). Io innamorata di un cameriere? Mi fa un bel complimento, signore; non sono di cosí cattivo gusto io. Quando volessi amare, non getterei il mio tempo sí malamente.[9]
CAVALIERE. Voi meritereste l'amore di un Re.
MIRANDOLINA (*stirando*). Del re di spade, o del re di coppe?
CAVALIERE. Parliamo sul serio, Mirandolina, e lasciamo gli scherzi.
MIRANDOLINA (*stirando*). Parli pure, ch'io l'ascolto.
CAVALIERE. Non potreste per un poco lasciar di stirare?
MIRANDOLINA. Oh perdoni! Mi preme allestire questa biancheria per domani.
CAVALIERE. Vi preme, dunque, quella biancheria piú di me?
MIRANDOLINA (*stirando*). Sicuro.
CAVALIERE. E ancora lo confermate?
MIRANDOLINA (*stirando*). Certo. Perché di questa biancheria me ne ho da servire, e di lei non posso far capitale di niente.
CAVALIERE. Anzi potete dispor di me con autorità.
MIRANDOLINA. Eh! che ella non può vedere le donne.
CAVALIERE. Non mi tormentate piú. Vi siete vendicata abbastanza. Stimo voi, stimo le donne che sono della vostra sorte, se pur ve ne sono. Vi stimo, vi amo, e vi domando pietà.
MIRANDOLINA. Sí signore, glielo diremo.[10] (*stirando in fretta si fa cadere un manicotto*)[11]
CAVALIERE (*leva di terra il manicotto e glielo dà*). Credetemi...
MIRANDOLINA. Non s'incomodi.
CAVALIERE. Voi meritate di esser servita.
MIRANDOLINA (*ride forte*). Ah, ah, ah!
CAVALIERE. Ridete?

---

[9] "Even if I wished to love, I shouldn't throw away my time so badly."
[10] "Yes sir, that's what we'll tell them."
[11] *Manicotto* is now *polsino*.

MIRANDOLINA. Rido perché mi burla.
CAVALIERE. Mirandolina, non posso piú.
MIRANDOLINA. Le vien male?
CAVALIERE. Sí, mi sento mancare.
MIRANDOLINA. Tenga il suo spirito di melissa. (*gli getta con disprezzo la boccetta*)
CAVALIERE. Non mi trattate con tanta asprezza. Credetemi, vi amo, ve lo giuro. (*vuol prenderle la mano, ed ella col ferro lo scotta*) Aimè!
MIRANDOLINA. Perdoni; non l'ho fatto apposta.
CAVALIERE. Pazienza! Questo è niente. Mi avete fatto una scottatura piú grande.
MIRANDOLINA. Dove, signore?
CAVALIERE. Nel cuore.
MIRANDOLINA (*chiama ridendo*). Fabrizio?
CAVALIERE. Per carità, non chiamate colui.
MIRANDOLINA. Ma se ho bisogno dell'altro ferro.
CAVALIERE. Aspettate... (ma no...) chiamerò il mio servitore.
MIRANDOLINA (*vuol chiamar Fabrizio*). Eh! Fabrizio....
CAVALIERE. Giuro al cielo, se viene colui, gli spacco la testa.
MIRANDOLINA. Oh questa è bella![12] Non mi potrò servire della mia gente?
CAVALIERE. Chiamate un altro; colui non lo posso vedere.
MIRANDOLINA. Mi pare ch'ella si avanzi un poco troppo, signor Cavaliere!' (*si scosta dal tavolino col ferro in mano*)
CAVALIERE. Compatitemi.... son fuor di me.
MIRANDOLINA. Anderò io in cucina, e sarà contento.
CAVALIERE. No, cara, fermatevi.
MIRANDOLINA (*passeggiando*). È una cosa curiosa questa.
CAVALIERE (*le va dietro*). Compatitemi.
MIRANDOLINA (*passeggia*). Non posso chiamar chi voglio?
CAVALIERE (*le va dietro*). Lo confesso. Ho gelosia di colui.[13]
MIRANDOLINA (*passeggiando*). (Mi vien dietro come un cagnolino).
CAVALIERE. Questa è la prima volta ch'io provo che cosa sia amore.
MIRANDOLINA (*camminando*). Nessuno mi ha mai comandato.
CAVALIERE (*la segue*). Non intendo di comandarvi, vi prego.
MIRANDOLINA (*voltandosi con alterezza*). Che cosa vuole da me?
CAVALIERE. Amore, compassione, pietà.
MIRANDOLINA. Un uomo, che stamattina non poteva veder le donne, oggi chiede amore e pietà? Non gli abbado, non può essere, non gli credo. (Crepa, schiatta, impara a disprezzar le donne). (*parte*)

---
[12] "Oh, that's a fine one!"
[13] "I'm jealous of that man (Fabrizio)."

SCENA VII

Cavaliere *solo.*

Oh, maledetto il punto in cui ho cominciato a mirar costei! Son caduto nel laccio, e non vi è piú rimedio.

SCENA VIII

Il Marchese, *e detto.*

Marchese. Cavaliere, voi mi avete insultato.
Cavaliere. Compatitemi, fu un accidente.
Marchese. Mi meraviglio di voi.
Cavaliere. Finalmente il vaso non vi ha colpito.
Marchese. Una gocciola[14] d'acqua mi ha macchiato il vestito.
Cavaliere. Torno a dire, compatitemi.
Marchese. Questa è un'impertinenza.
Cavaliere. Non l'ho fatto apposta. Compatitemi per la terza volta.
Marchese. Voglio soddisfazione.
Cavaliere. Se non volete compatirmi, se volete soddisfazione, son qui, non ho soggezione di voi.
Marchese (*cangiandosi*). Ho paura che questa macchia non voglia andar via; questo è quello che mi fa andare in collera.
Cavaliere (*con isdegno*). Quando un cavaliere vi chiede scusa, che pretendete di piú?
Marchese. Se non l'avete fatto a malizia, lasciamo andare.
Cavaliere. Vi dico che son capace di darvi qualunque soddisfazione.
Marchese. Via, non parliamo altro.
Cavaliere. Cavaliere malnato.
Marchese. Oh questa è bella! A me è passata la collera, e voi ve la fate venire?!
Cavaliere. Ora, per l'appunto, mi avete trovato in buona luna.[15]
Marchese. Vi compatisco, so che male avete.
Cavaliere. I fatti vostri io non li ricerco.
Marchese. Signor inimico[16] delle donne, ci siete caduto, eh?
Cavaliere. Io? Come?
Marchese. Sí, siete innamorato...
Cavaliere. Sono il diavolo che vi porti.

---

[14] *Goccia* is more common than *gocciola.*
[15] "Right now you find me in a good mood."
[16] *inimico* = *nemico.*

MARCHESE. Che serve nascondersi?...
CAVALIERE. Lasciatemi stare, ché giuro al cielo ve ne farò pentire. (*parte*)

SCENA IX

MARCHESE *solo.*

È innamorato, si vergogna e non vorrebbe che si sapesse. Ma forse non vorrà che si sappia, perché ha paura di me; avrà soggezione a dichiararsi per mio rivale. Mi dispiace assaissimo di questa macchia; se sapessi come fare a levarla.... Queste donne sogliono avere della terra da levar le macchie. (*osserva nel tavolino e nel paniere*) Bella questa boccetta! che sia d'oro o di princisbech?[17] Eh, sarà di princisbech; se fosse d'oro non la lascerebbero qui; se vi fosse dell'acqua della regina, sarebbe buona per levar questa macchia. (*apre, odora, e gusta*). È spirito di melissa. Tant'è, tanto sarà buono.[18] Voglio provare.

SCENA X

DEJANIRA, *e detto.*

DEJANIRA. Signor Marchese, che fa qui solo? Non favorisce mai?
MARCHESE. Oh, signora Contessa. Veniva, or ora, per riverirla.
DEJANIRA. Che cosa stava facendo?
MARCHESE. Vi dirò. Io sono amantissimo della pulizia. Voleva levare questa piccola macchia.
DEJANIRA. Con che, signore?
MARCHESE. Con questo spirito di melissa.
DEJANIRA. Oh perdoni, lo spirito di melissa non serve, anzi farebbe venire la macchia piú grande.
MARCHESE. Dunque, come ho da fare?
DEJANIRA. Ho io un segreto per cavar le macchie.
MARCHESE. Mi farete piacere a insegnarmelo.
DEJANIRA. Volentieri. M'impegno con uno scudo di far andar via quella macchia, che non si vedrà nemmeno dove sia stata.
MARCHESE. Vi vuole[19] uno scudo?

---

[17] *princisbech* = *princisbecco* "Can it be gold or pinchbeck?"
[18] "In any event, it will be all right."
[19] *Vi vuole* = *ci vuole*

DEJANIRA. Sí, signore; vi pare una grande spesa?
MARCHESE. È meglio provare lo spirito di melissa.
DEJANIRA. Favorisca; è buono quello spirito?
MARCHESE. Prezioso, sentite. *(le dà la boccetta)*.
DEJANIRA *(assaggiandolo)*. Oh io ne so fare del meglio.
MARCHESE. Sapete fare degli spiriti?
DEJANIRA. Sí, signore, mi diletto di tutto.
MARCHESE. Brava damina, brava. Cosí mi piace.
DEJANIRA. Sarà d'oro questa boccetta?
MARCHESE. Non vedete? È oro sicuro. (Non conosce l'oro dal princisbech)
DEJANIRA. È sua, signor Marchese?
MARCHESE. È mia, è vostra, se comandate.
DEJANIRA *(la mette in tasca)*. Obbligatissima alle sue grazie.
MARCHESE. Eh! So che scherzate.
DEJANIRA. Come? non me l'ha esibita?
MARCHESE. Non è cosa da vostra pari. È una bagattella. Vi servirò di cosa migliore, se avete voglia.
DEJANIRA. Oh, mi meraviglio! È anche troppo. La ringrazio, signor Marchese.
MARCHESE. Sentite. In confidenza. Non è oro. È princisbech.
DEJANIRA. Tanto meglio. La stimo piú che se fosse oro. E poi quel che viene dalle sue mani, è tutto prezioso.
MARCHESE. Basta, non so che dire. Servitevi, se vi degnate. (Pazienza, bisognerà pagarla a Mirandolina. Che cosa può valere? Un filippo?).[20]
DEJANIRA. Il signor Marchese è un cavalier generoso.
MARCHESE. Mi vergogno a regalar queste bagattelle. Vorrei che quella boccetta fosse d'oro.
DEJANIRA. In verità, pare propriamente oro. *(la tira fuori, e l'osserva)* Ognuno s'ingannerebbe.
MARCHESE. È vero, chi non ha pratica dell'oro s'inganna, ma io lo conosco subito.
DEJANIRA. Anche al peso, par che sia oro.
MARCHESE. E pure non è vero.
DEJANIRA. Voglio farla vedere alla mia compagna.
MARCHESE. Sentite, signora Contessa, non la fate vedere a Mirandolina. È una ciarliera. Non so se mi capite.
DEJANIRA. Intendo benissimo. La fo vedere solamente ad Ortensia.
MARCHESE. Alla Baronessa?
DEJANIRA. Sí, sí, alla Baronessa. *(ridendo parte)*

---

[20] A *filippo* is a Milanese silver coin worth a little more than five liras (about $1.00).

SCENA XI

Il MARCHESE, *poi il servitore del* CAVALIERE.

MARCHESE. Credo che se ne rida, perché mi ha levato con quel garbo la boccettina. Tant'era se fosse stata d'oro.[21] Manco male, che con poco l'aggiusterò. Se Mirandolina vorrà la sua boccetta, gliela pagherò quando ne avrò.
SERVITORE (*cerca sul tavolino*) Dove diamine sarà questa boccetta?
MARCHESE. Che cosa cercate, galantuomo?
SERVITORE. Cerco una boccettina di spirito di melissa. La signora Mirandolina la vorrebbe. Dice che l'ha lasciata qui, ma non la ritrovo.
MARCHESE. Era una boccettina di princisbech?
SERVITORE. No, signore, era d'oro.
MARCHESE. D'oro?
SERVITORE. Certo ch'era d'oro. L'ho veduta comprar io per dodici zecchini.
MARCHESE. (O povero me!) Ma come lasciar cosí una boccetta d'oro?
SERVITORE. Se l'è scordata, ma io non la trovo.
MARCHESE. Mi pare ancora impossibile che fosse d'oro.
SERVITORE. Era oro, gli[21a] dico. L'ha forse veduta V. E.?
MARCHESE. Io?.... non ho veduto niente.
SERVITORE. Basta. Le dirò che non la trovo. Suo danno. Doveva mettersela in tasca. (*parte*)

SCENA XII

Il MARCHESE, *poi il* CONTE.

MARCHESE. Oh, povero Marchese di Forlipopoli! Ho donato una boccetta d'oro che val dodici zecchini, e l'ho donata per princisbech. Come ho da regolarmi in un caso di tanta importanza? Se ricupero la boccetta dalla Contessa, mi fo ridicolo presso di lei; se Mirandolina viene a scoprire ch'io l'abbia avuta, è in pericolo il mio decoro. Son cavaliere. Devo pagarla; ma non ho denari.
CONTE. Che dite, signor Marchese, della bellissima novità?
MARCHESE. Di qual novità?

---

[21] "The same thing would have happened if it had been gold."
[21a] *gli = le*

Conte. Il Cavaliere selvatico, il disprezzator delle donne è innamorato di Mirandolina.
Marchese. L'ho caro. Conosca suo malgrado il merito di questa donna;[22] veda ch'io non m'invaghisco di chi non merita; e peni, e crepi per castigo della sua impertinenza.
Conte. Ma se Mirandolina gli corrisponde?
Marchese. Ciò non può essere. Ella non farà a me questo torto. Sa chi sono. Sa cosa ho fatto per lei.
Conte. Io ho fatto per essa assai piú di voi. Ma tutto è gettato. Mirandolina coltiva il Cavaliere di Ripafratta. Ha usato verso di lui quelle attenzioni, che non ha praticato né a voi, né a me; e vedesi, che colle donne piú che si fa, meno si merita, e che, burlandosi esse di chi le adora, corrono dietro a chi le disprezza.
Marchese. Se ciò fosse vero... ma non può essere.
Conte. Perché non può essere?
Marchese. Vorreste mettere il Cavaliere a confronto di me?
Conte. Non l'avete veduta voi stesso sedere alla di lui tavola? Con noi ha praticato mai un atto di simile confidenza? A lui biancheria distinta. Servito in tavola prima di tutti. Le pietanze gliele fa ella colle sue mani. I servitori vedono tutto, e parlano. Fabrizio freme di gelosia. E poi quello svenimento, vero o finto che fosse,[23] non è segno manifesto d'amore?
Marchese. Come? A lui si fanno gl'intingoli saporiti, e a me carnaccia di bue e minestra di riso lungo?[24] Sí, è vero, questo è uno strapazzo al mio grado, alla mia condizione.
Conte. Ed io che ho speso tanto per lei?
Marchese. Ed io che la regalava continuamente?[25] Le ho fino dato da bere di quel mio vino di Cipro cosí prezioso. Il Cavaliere non avrà fatto con costei una minima parte di quello che abbiamo fatto noi.
Conte. Non dubitate, che anch'egli l'ha regalata.
Marchese. Sí? Che cosa le ha donato?
Conte. Una boccetta d'oro con dello spirito di melissa.
Marchese. (Oimè!) Come lo avete saputo?
Conte. Il di lui servitore l'ha detto al mio.
Marchese. (Sempre peggio. Entro in un impegno col Cavaliere).
Conte. Vedo che costei è un'ingrata; voglio assolutamente lasciarla. Voglio partire or ora da questa locanda indegna.
Marchese. Sí, fate bene, andate.

---

[22] "Let him know in spite of himself the good qualities of this woman;"
[23] "whether true or feigned,"
[24] "For him are the savory stews and for me tough beef and thin rice soup?"
[25] "And I, who constantly gave her gifts?"

CONTE. E voi, che siete un Cavaliere di tanta riputazione, dovreste partire con me.
MARCHESE. Ma... dove dovrei andare?
CONTE. Vi troverò io un alloggio. Lasciate pensare a me.[26]
MARCHESE. Quest'alloggio... sarà per esempio...
CONTE. Anderemo in casa d'un mio paesano. Non ispenderemo nulla.
MARCHESE. Basta; siete tanto mio amico, che non posso dirvi di no.
CONTE. Andiamo, e vendichiamoci di questa femmina sconoscente.
MARCHESE. Sí, andiamo. (Ma! come sarà poi della boccetta? Son cavaliere, non posso fare una mal'azione.)
CONTE. Non vi pentite, signor Marchese, andiamo via di qui. Fatemi questo piacere, e poi comandatemi dove posso, che vi servirò.
MARCHESE. Vi dirò in confidenza, ma che nessuno lo sappia. Il mio fattore mi ritarda qualche volta le mie rimesse....
CONTE. Le avete forse da dar qualche cosa?
MARCHESE. Sí, dodici zecchini.
CONTE. Dodici zecchini? Bisogna che sia dei mesi che non pagate.
MARCHESE. Cosí è, le devo dodici zecchini. Non posso di qua partire senza pagarla. Se voi mi faceste il piacere...
CONTE. Volentieri. (*tira fuori la borsa*) Eccovi dodici zecchini.
MARCHESE. Aspettate. Ora che mi ricordo, sono tredici. (Voglio rendere il suo zecchino anche al Cavaliere).
CONTE. Dodici, o tredici, è lo stesso per me. Tenete.
MARCHESE. Ve li renderò quanto prima.
CONTE. Servitevi quanto vi piace. Denari a me non me ne mancano; e per vendicarmi di costei, spenderei mille doppie.
MARCHESE. Sí, veramente è ingrata. Ho speso tanto per lei e mi tratta cosí.
CONTE. Voglio rovinare la sua locanda. Ho fatto andar via quelle due commedianti.
MARCHESE. Dove sono andate le commedianti?
CONTE. Erano qui, Ortensia e Dejanira.
MARCHESE. Come! Non sono due dame?
CONTE. No. Sono due comiche. Sono arrivati i loro compagni e la favola è terminata.[27]
MARCHESE. (La mia boccetta!) Dove sono alloggiate?
CONTE. In una casa vicino al teatro.
MARCHESE. (Vado subito a ricuperare la mia boccetta). (*parte*)
CONTE. Con costei mi voglio vendicar cosí. Il Cavaliere poi, che ha saputo fingere per tradirmi; in altra maniera me ne renderà conto. (*parte*)

---
[26] "Leave it to me."
[27] "and the play is ended."

SCENA XIII.

Camera con tre porte.

MIRANDOLINA sola.

Oh meschina me! Sono nel brutto impegno! Se il Cavaliere mi arriva, sto fresca. Si è indiavolato maledettamente. Non vorrei che il diavolo lo tentasse di venir qui. Voglio chiudere questa porta. (*serra la porta da dove è venuta*) Ora comincio quasi a pentirmi di quel che ho fatto. È vero che mi sono assai divertita nel farmi correr dietro a tal segno un superbo, un disprezzator delle donne; ma ora che il satiro è sulle furie,[28] vedo in pericolo la mia riputazione e la mia vita medesima. Qui mi convien risolvere qualche cosa di grande. Sono sola, non ho nessuno dal cuore che mi difenda. Non ci sarebbe altri che quel buon uomo di Fabrizio, che in un tal caso mi potesse giovare. Gli prometterò di sposarlo.... Ma.... prometti, prometti, si stancherà di credermi.... Sarebbe quasi meglio ch'io lo sposassi davvero. Finalmente con un tal matrimonio posso sperar di metter al coperto il mio interesse, la mia riputazione, senza pregiudicare alla mia libertà.

SCENA XIV

Il CAVALIERE *di dentro, e detta, poi* FABRIZIO.

(*Il* CAVALIERE *batte per di dentro la porta*).

MIRANDOLINA. Battono a questa porta: chi sarà mai?[29] (*s'accosta*)
CAVALIERE (*di dentro*). Mirandolina!
MIRANDOLINA. (L'amico è qui).
CAVALIERE (*come sopra*). Mirandolina, apritemi!
MIRANDOLINA (Aprirgli? Non son sí gonza). Che comanda, signor Cavaliere?
CAVALIERE (*di dentro*). Apritemi!
MIRANDOLINA. Favorisca andare nella sua camera e mi aspetti, ché or ora son da lei.[30]
CAVALIERE (*come sopra*). Perché non volete aprirmi?
MIRANDOLINA. Arrivano de' forestieri. Mi faccia questa grazia, vada, ché or ora son da lei.

---

[28] "It's true I have greatly amused myself in having run after me to such an extent a proud fellow, a hater of women, but now that the wild man is in a rage,"
[29] "who can it be?"
[30] "and I'll be with you right away."

CAVALIERE. Vado: se non venite, povera voi. (*parte*)
MIRANDOLINA. *Se non venite, povera voi;* povera me, se ci andassi. La cosa va sempre peggio. Rimediamoci, se si può. È andato via? (*guarda al buco della chiave*). Sí, sí, è andato. Mi aspetta in camera; ma non ci vado. Ehi? Fabrizio? (*ad un'altra porta*). Sarebbe bella che ora Fabrizio si vendicasse di me e non volesse.... Oh, non vi è pericolo. Ho io certe maniere, certe smorfiette, che bisogna che caschino, se fossero di macigno. (*chiama ad un'altra porta*) Fabrizio?
FABRIZIO. Avete chiamato?
MIRANDOLINA. Venite qui; voglio farvi una confidenza.
FABRIZIO. Son qui.
MIRANDOLINA. Sappiate che il Cavaliere di Ripafratta si è scoperto innamorato di me.
FABRIZIO. Eh, me ne sono accorto.
MIRANDOLINA. Sí? Ve ne siete accorto? Io, in verità, non me ne sono mai avveduta.
FABRIZIO. Povera semplice! Non ve ne siete accorta? Non avete veduto, quando stiravate col ferro, le smorfie che vi faceva? la gelosia che aveva di me?
MIRANDOLINA. Io che opero senza malizia, prendo le cose con indifferenza. Basta: ora mi ha dette certe parole, che in verità, Fabrizio, mi hanno fatto arrossire.
FABRIZIO. Vedete; questo vuol dire perché[31] siete una giovane sola, senza padre, senza madre, senza nessuno. Se foste maritata, non andrebbe cosí.
MIRANDOLINA. Orsú, capisco che dite bene; ho pensato di maritarmi.
FABRIZIO. Ricordatevi di vostro padre.
MIRANDOLINA. Sí, me ne ricordo.

SCENA XV

Il CAVALIERE *di dentro, e detti.*

(*Il* CAVALIERE *batte alla porta dov'era prima*).

MIRANDOLINA (*a Fabrizio*). Picchiano.
FABRIZIO (*forte verso la porta*) Chi è che picchia?
CAVALIERE (*di dentro*). Apritemi!
MIRANDOLINA (*a Fabrizio*). Il Cavaliere.
FABRIZIO (*s'accosta per aprirgli*). Che cosa vuole?
MIRANDOLINA. Aspettate ch'io parta.

---
[31] "this happens because"

FABRIZIO. Di che avete timore?
MIRANDOLINA. Caro Fabrizio, non so, ho paura della mia onestà.[32]
(parte)
FABRIZIO. Non dubitate, io vi difenderò.
CAVALIERE (di dentro). Apritemi, giuro al cielo....
FABRIZIO. Che comanda, signore? Che strepiti son questi? In una locanda onorata non si fa cosí.
CAVALIERE (si sente che la sforza). Apri questa porta!
FABRIZIO. Cospetto del diavolo! Non vorrei precipitare. Uomini, chi è di là? Non ci è nessuno?

SCENA XVI

Il MARCHESE, *ed il* CONTE *dalla porta di mezzo, e detti.*

CONTE (sulla porta). Che è?
MARCHESE (sulla porta). Che rumore è questo?
FABRIZIO (piano che il Cavaliere non senta).[32a] Signori, li prego; il signor Cavaliere di Ripafratta vuole sforzar quella porta.
CAVALIERE (di dentro). Aprimi, o la getto abbasso.
MARCHESE (al Conte). Che sia diventato pazzo![33] Andiamo via.
CONTE (a Fabrizio). Ho volontà per appunto di parlar con lui.[34]
FABRIZIO. Aprirò; ma lo supplico....
CONTE. Non dubitate. Siamo qui noi.
MARCHESE. (Se vedo niente, me la colgo).[35] (*Fabrizio apre, ed entra il Cavaliere*)
CAVALIERE. Giuro al cielo, dov'è?
FABRIZIO. Chi cerca, signore?
CAVALIERE. Mirandolina dov'è?
FABRIZIO. Io non lo so.
MARCHESE. (L'ha con Mirandolina. Non è niente).
CAVALIERE. Scellerata, la troverò. (*s'incammina, e scopre il Conte e il Marchese*)
CONTE (al Cavaliere). Con chi l'avete?
MARCHESE. Cavaliere, noi siamo amici.
CAVALIERE. (Oimè! Non vorrei per tutto l'oro del mondo che nota fosse questa mia debolezza).

---

[32] "Dear Fabrizio . . . I fear for my honor."
[32a] "so that the knight may not hear"
[33] "Can he have become mad!"
[34] "It so happens I want to talk with him."
[35] "(If I see the slightest trouble, I'll beat it)."

FABRIZIO. Che cosa vuole, signore, dalla padrona?
CAVALIERE. A te non devo rendere questi conti. Quando comando, voglio esser servito. Pago i miei denari per questo e, giuro al cielo, ella avrà che fare con me.
FABRIZIO. V. S. paga i suoi denari per esser servito nelle cose lecite e oneste; ma non ha poi da pretendere, la mi perdoni, che una donna onorata....
CAVALIERE. Che dici tu? Che sai tu? Tu non c'entri ne' fatti miei. So io quel che ho ordinato a colei.
FABRIZIO. Le ha ordinato di venire nella sua camera.
CAVALIERE. Va' via, briccone, ché ti rompo il cranio.
FABRIZIO. Mi meraviglio di lei....
MARCHESE. Zitto.
CONTE (*a Fabrizio*). Andate via!
CAVALIERE (*a Fabrizio*). Vattene via di qui!
FABRIZIO (*riscaldandosi*). Dico, signore....
MARCHESE. Via!
CONTE. Via! (*lo cacciano via*)
FABRIZIO. (Corpo di bacco! Ho proprio voglia di precipitare). (*parte*)

SCENA XVII

Il CAVALIERE, *il* MARCHESE, *ed il* CONTE.

CAVALIERE. Indegna! Farmi aspettar nella mia camera!
MARCHESE (*piano al Conte*). (Che diamine ha?)
CONTE. (Non lo vedete? È innamorato di Mirandolina).
CAVALIERE. (E si trattiene con Fabrizio? E parla seco di matrimonio?)
CONTE. (Ora è il tempo di vendicarmi). Signor Cavaliere, non conviene ridersi delle altrui debolezze, quando si ha un cuor fragile come il vostro.
CAVALIERE. Di che intendete voi di parlare?
CONTE. So da che provengono le vostre smanie.
CAVALIERE (*alterato al Marchese*). Intendete voi di che parli?
MARCHESE. Amico, io non so niente.
CONTE. Parlo di voi che, col pretesto di non poter soffrir le donne, avete tentato rapirmi il cuore di Mirandolina, ch'era mia conquista.
CAVALIERE (*alterato verso il Marchese*). Io?
MARCHESE. Io non parlo.
CONTE. Voltatevi a me, a me rispondete. Vi vergognate forse d'aver mal proceduto?

CAVALIERE. Io mi vergogno d'ascoltarvi piú oltre, senza dirvi che voi mentite.
CONTE. A me una mentita?
MARCHESE. (La cosa va peggiorando).
CAVALIERE (*al Marchese irato*). Con qual fondamento potete voi dire?.... (Il Conte non sa ciò che si dica).
MARCHESE. Ma io non me ne voglio impicciare.[36]
CONTE. Voi siete un mentitore.
MARCHESE (*vuol partire*). Vado via.
CAVALIERE. Fermatevi. (*lo trattiene per forza*)
CONTE. E mi renderete conto....
CAVALIERE. Sí, vi renderò conto.... (*al Marchese*) Datemi la vostra spada.
MARCHESE. Eh, via; acquietatevi tutti due.[37] Caro Conte, cosa importa a voi che il Cavaliere ami Mirandolina?
CAVALIERE. Io l'amo? Non è vero; mente chi lo dice.
MARCHESE. Mente? La mentita non viene a me. Non sono io che lo dico.
CAVALIERE. Chi dunque?
CONTE. Io lo dico, e lo sostengo, e non ho soggezione di voi.
CAVALIERE (*al Marchese*). Datemi quella spada!
MARCHESE. No, dico.
CAVALIERE. Siete ancora voi mio nemico?
MARCHESE. Io sono amico di tutti.
CONTE. Azioni indegne son queste.
CAVALIERE. Ah giuro al cielo!.... (*leva la spada al Marchese, la quale esce dal fodero*).
MARCHESE (*al Cavaliere*). Non mi perdete il rispetto.
CAVALIERE (*al Marchese*). Se vi chiamaste offeso, darò soddisfazione anche a voi.
MARCHESE. Via; siete troppo caldo. (*da sé rammaricandosi*) (Mi dispiace....).
CONTE (*si mette in guardia*). Voglio soddisfazione.
CAVALIERE (*vuol levare il fodero, e non può*). Ve la darò.
MARCHESE. Quella spada non vi conosce....
CAVALIERE. Oh maledetta! (*sforza per cavarla*)
MARCHESE. Cavaliere, non farete niente....
CONTE. Non ho piú sofferenza.
CAVALIERE. Eccola (*cava la spada, e vede esser mezza lama*) Che è questo?

---

[36] "But I don't want to become involved."
[37] More common is *tutti e due* or *tutt'e due*.

MARCHESE. Mi avete rotta la spada.
CAVALIERE. Il resto dov'è? Nel fodero non v'è niente.
MARCHESE. Sí, è vero; l'ho rotta nell'ultimo duello; non me ne ricordavo.
CAVALIERE (al Conte). Lasciatemi provvedere d'una spada.
CONTE. Giuro al cielo che non mi fuggirete di mano.
CAVALIERE. Che fuggire? Ho cuore di farvi fronte anche con questo pezzo di lama.
MARCHESE. È lama di Spagna, non ha paura.
CONTE. Non tanta bravura, signor gradasso.
CAVALIERE (s'avventa verso il Conte). Sí, con questa lama.
CONTE. Indietro! (si pone in difesa)

SCENA XVIII.

MIRANDOLINA, FABRIZIO, e detti.

FABRIZIO. Alto, alto, padroni!
MIRANDOLINA. Alto, signori miei, alto!
CAVALIERE (vedendo Mirandolina). (Ah maledetta!)
MIRANDOLINA. Povera me! Colle spade?
MARCHESE. Vedete? Per causa vostra.
MIRANDOLINA. Conte, per causa mia?
CONTE. Eccolo lí, il signor Cavaliere. È innamorato di voi.
CAVALIERE. Io innamorato? Non è vero; mentite!
MIRANDOLINA. Il signor Cavaliere innamorato di me? Oh no, signor Conte, ella s'inganna. Posso assicurarla che certamente s'inganna.
CONTE. Eh, che siete voi pur d'accordo....
MARCHESE. Si sa, si vede....
CAVALIERE (alterato verso il Marchese). Che si sa? Che si vede?
MARCHESE. Dico che quando è, si sa.... Quando non è, non si vede.
MIRANDOLINA. Il signor Cavaliere innamorato di me? Egli lo nega, e negandolo in presenza mia, mi mortifica, mi avvilisce e mi fa conoscere la sua costanza e la mia debolezza. Confesso il vero, che se riuscito mi fosse d'innamorarlo, avrei creduto di fare la maggior prodezza del mondo. Un uomo che non può vedere le donne, che le disprezza, che le ha in mal concetto, non si può sperare d'innamorarlo. Signori miei, io sono una donna schietta e sincera; quando devo dir, dico, e non posso celare la verità. Ho tentato d'innamorare il signor Cavaliere, ma non ho fatto niente. (al Cavaliere) È vero, signore? Ho fatto, ho fatto, e non ho fatto niente.

83

CAVALIERE. (Ah! non posso parlare).
CONTE (*a Mirandolina*). Lo vedete? Si confonde.
MARCHESE (*a Mirandolina*). Non ha il coraggio di dir di no.
CAVALIERE (*al Marchese irato*). Voi non sapete quel che vi dite.[38]
MARCHESE (*al Cavaliere, dolcemente*). E sempre l'avete con me.
MIRANDOLINA. Oh, il signor Cavaliere non s'innamora. Conosce l'arte. Sa le furberie delle donne; alle parole non crede; delle lacrime non si fida. Degli svenimenti poi se ne ride.
CAVALIERE. Son dunque finte le lacrime delle donne, son mendaci gli svenimenti?
MIRANDOLINA. Come! Non lo sa, o finge di non saperlo?
CAVALIERE. Giuro al cielo! Una tal finzione meriterebbe uno stile nel cuore!
MIRANDOLINA. Signor Cavaliere, non si riscaldi, perché questi signori diranno ch'è innamorato davvero.
CONTE. Sí, lo è, e non lo può nascondere.[39]
MARCHESE. Si vede negli occhi.
CAVALIERE (*irato al Marchese*). No, non lo sono.
MARCHESE. E sempre con me.
MIRANDOLINA. No signore, non è innamorato. Lo dico, lo sostengo, e son pronta a provarlo.
CAVALIERE. (Non posso piú). Conte, ad altro tempo mi troverete provveduto di spada. (*getta via la mezza spada del Marchese*)
MARCHESE. Ehi! la guardia costa denari.
MIRANDOLINA. Si fermi, signor Cavaliere, qui ci va della sua riputazione.[40] Questi signori credono ch'ella sia innamorato; bisogna disingannarli.
CAVALIERE. Non vi è questo bisogno.
MIRANDOLINA. Oh sí, signore. Si trattenga un momento.
CAVALIERE. (Che intende far costei?).
MIRANDOLINA. Signori, il piú certo segno d'amore è quello della gelosia, e chi non sente gelosia, certamente non ama. Se il signor Cavaliere mi amasse, non potrebbe soffrire ch'io fossi d'un altro, ma egli lo soffrirà, e vedranno....
CAVALIERE. Di chi volete voi essere?
MIRANDOLINA. Di quello a cui mi ha destinato mio padre.
FABRIZIO (*a Mirandolina*). Parlate forse di me?
MIRANDOLINA. Sí, caro Fabrizio, a voi, in presenza di questi Cavalieri, vo' dar la mano di sposa.

---

[38] The *vi* is intensive and should not be translated.
[39] "Yes, he is and he cannot hide it."
[40] "Stop . . . your honor is at stake." Nowadays one would use *ne va*.

CAVALIERE (*da sé smaniando*). (Oimè! Con colui! Non ho cuor di soffrirlo).
CONTE. (Se sposa Fabrizio, non ama il Cavaliere). Sí, sposatevi e vi prometto trecento scudi.
MARCHESE. Mirandolina, è meglio un uovo oggi che una gallina domani.[41] Sposatevi ora, e vi do subito dodici zecchini.
MIRANDOLINA. Grazie, signori, non ho bisogno di dote. Sono una povera donna senza grazia, senza brio, incapace d'innamorar persone di merito. Ma Fabrizio mi vuol bene ed io, in questo punto alla presenza di loro, lo sposo.
CAVALIERE. Sí, maledetta, spòsati a chi tu vuoi.[42] So che tu m'ingannasti; so che trionfi dentro di te medesima d'avermi avvilito, e vedo sin dove vuoi cimentare la mia tolleranza. Meriteresti ch'io pagassi gl'inganni tuoi con un pugnale nel seno; meriteresti ch'io ti strappassi il cuore, e lo recassi in mostra alle femmine lusinghiere, alle femmine ingannatrici. Ma ciò sarebbe un doppiamente avvilirmi. Fuggo dagli occhi tuoi; maledico le tue lusinghe, le tue lacrime, le tue finzioni; tu mi hai fatto conoscere qual infausto potere abbia su noi il tuo sesso, e mi hai fatto, a costo mio, imparare, che per vincerlo non basta, no, disprezzarlo, ma ci conviene fuggirlo. (*parte*)

SCENA XIX

MIRANDOLINA, *e il* CONTE, *il* MARCHESE, *e* FABRIZIO.

CONTE. Dica ora di non essere innamorato.
MARCHESE. Se mi dà un'altra mentita, da cavaliere lo sfido.
MIRANDOLINA. Zitto, signori, zitto. È andato via, e se non torna, e se la cosa mi passa cosí, posso dire di essere fortunata. Pur troppo, poverino, mi è riuscito d'innamorarlo e mi son messa ad un brutto rischio. Non ne vo' saper altro. Fabrizio, vien' qui, caro, dammi la mano.
FABRIZIO. La mano? Piano un poco, signora. Vi dilettate d'innamorar la gente in questa maniera, e credete ch'io vi voglia sposare?
MIRANDOLINA. Eh via, pazzo! È stato uno scherzo, una bizzarria, un puntiglio. Ero fanciulla, non aveva nessuno che mi comandasse. Quando sarò maritata, so io quel che farò.
FABRIZIO. Che cosa farete?

---
[41] "Mirandolina, half a loaf is better than none." Both the Italian and the English are proverbs.
[42] Note that the *tu* form is here used in anger and contempt.

SCENA ULTIMA

Il SERVITORE, CAVALIERE, *e detti.*

SERVITORE. Signora padrona, prima di partire son venuto a riverirvi.
MIRANDOLINA. Andate via?
SERVITORE. Sí. Il padrone va alla posta,[43] fa attaccare; mi aspetta colla roba, e ce ne andiamo a Livorno.
MIRANDOLINA. Compatite, se non vi ho fatto...
SERVITORE. Non ho tempo di trattenermi. Vi ringrazio, e vi riverisco. (*parte*)
MIRANDOLINA. Grazie al cielo, è partito. Mi resta qualche rimorso; certamente è partito con poco gusto. Di questi spassi non me ne cavo mai piú.[44]
CONTE. Mirandolina, fanciulla o maritata che siate, sarò lo stesso per voi.
MARCHESE. Fate pur capitale della mia protezione.
MIRANDOLINA. Signori miei, ora che mi marito, non voglio protettori, non voglio spasimanti, non voglio regali. Sin ora mi sono divertita, e ho fatto male, e mi sono arrischiata troppo, e non lo voglio fare mai piú: questi è mio marito.
FABRIZIO. Ma piano, signora...
MIRANDOLINA. Che piano? Che cosa c'é? Che difficoltà vi sono? Andiamo. Datemi quella mano.
FABRIZIO. Vorrei che facessimo prima i nostri patti.
MIRANDOLINA. Che patti? il patto è questo: o dammi la mano, o vattene al tuo paese.
FABRIZIO. Vi darò la mano... ma poi....
MIRANDOLINA. Ma poi, sí caro, sarò tutta tua; non dubitare di me, ti amerò sempre, sarai l'anima mia.
FABRIZIO (*le dà la mano*). Tenete, cara, non posso piú.
MIRANDOLINA. (Anche questa è fatta).
CONTE. Mirandolina, voi siete una gran donna, voi avete l'abilità di condurre gli uomini dove volete.
MARCHESE. Certamente la vostra maniera obbliga infinitamente.
MIRANDOLINA. Se è vero ch'io possa sperar grazie da lor signori, una ne chiedo loro per ultimo.
CONTE. Dite pure.
MARCHESE. Parlate.
FABRIZIO. (Che cosa mai adesso domanderà?)

---

[43] "My master is going to the (stage-coach) station,"
[44] "Never again will I indulge in such diversions."

MIRANDOLINA. Le supplico per atto di grazia a provvedersi d'un'altra locanda.
FABRIZIO. (Brava; ora vedo che la mi vuol bene).
CONTE. Sí, vi capisco, e vi lodo. Me n'anderò, ma dovunque io sia, assicuratevi della mia stima.
MARCHESE. Ditemi; avete voi perduto una boccettina d'oro?
MIRANDOLINA. Sí, signore.
MARCHESE. Eccola qui. L'ho io ritrovata, e ve la rendo. Partirò per compiacervi, ma in ogni luogo fate pur capitale della mia protezione.
MIRANDOLINA. Queste espressioni mi saran care nei limiti della convenienza e dell'onestà. Cambiando stato, voglio cambiar costume; e lor signori ancora profittino di quanto hanno veduto in vantaggio e sicurezza del loro cuore; e quando mai si trovassero in occasione di dover cedere, di dover cadere, pensino alle malizie imparate, e si ricordino della locandiera.[45]

---

[45] In Goldoni's plays it is customary for the main character (usually a woman) to make the final speech, which draws a moral.

EXERCISES

I

ACT I, SCENES I—V

A. *Questionnaire.*
1. Che differenza passa fra il Marchese e il Conte? 2. Chi amano? 3. Che hanno da offrire a Mirandolina? 4. Essi piacciono a Mirandolina? 5. Spende molto nella locanda il Marchese? 6. Chi è Fabrizio? 7. Che dice il Conte a proposito di lui? 8. Che farà il Marchese? 9. Che vogliono i due sapere da Fabrizio? 10. Che dice loro Fabrizio? 11. Verso chi mostra costui la sua riconoscenza? 12. Che pensa il Marchese del Conte? 13. Che cosa dice di credere il Marchese? 14. Che dice questi al Cavaliere? 15. Perché son venuti a simil contesa il Conte e il Marchese? 16. Quanto vale una doppia? 17. Quanto vale per il Cavaliere quel che dicono il Marchese e il Conte? 18. A che non pensa il Cavaliere? 19. Come saluta Mirandolina? 20. Che dice il Cavaliere del suo contegno? 21. Che le dà il Conte? 22. Come sono legati gli orecchini? 23. Che pensa del regalo il Marchese? 24. Che dice il Cavaliere della biancheria? 25. Perché non vuol far complimenti?

B. *Memorize the following sentences:*
1. Tanto vale il vostro denaro quanto vale il mio.
2. Mi si deve portar rispetto.
3. Quest'è bella!
4. Voi non farete niente.
5. Quel che fo non lo dico.
6. Può essere che lo voglia sposare.
7. La locandiera si trova imbrogliata.
8. Parlò da uomo.
9. Che vuol dir ciò?
10. Chi ti ha insegnato le creanze?
11. Parliamo d'altro.
12. Non facciamo stima di loro.
13. Voglio cavarmi un capriccio.
14. Il Conte mette tutto in ridicolo.

15. In quanto a ciò, ne parlerò il mese venturo.
16. Sin qua, ella ha ragione.
17. A me non la farebbe.
18. Questi son legati alla moda.
19. Non ho bisogno di far complimenti.
20. Lo compatisca.

C. Read aloud, changing the infinitive into present, future, and present perfect:

1.Il Conte *amare* la locandiera. 2. Tu *volere* impedirmi di amare. 3. Essi lo *credere*. 4. Denari non ne *mancare*. 5. Mirandolina *usare* a me delle distinzioni. 6. *Sentire* voi quando io *parlare-* 7. Lei *spendere* a rotta di collo. 8. *Bisognare* farsi portar rispetto. 9. Noi *unire* la gentilezza e il decoro. 10. Io non *levare* il merito alla nobiltà. 11. Essi *conoscere* la bella locandiera. 12. Io *vedere* Mirandolina. 13. Lei *meritare* il rispetto di tutti. 14. Essi *essere* a pranzo e *mangiare* volentieri. 15. Voi non *volere* pensare alla successione?

D. Change into Italian:

1. Have you bought your county? 2. All must respect a young lady that he likes. 3. What I do I don't say. 4. If she gets married, I know what I'll do. 5. Who taught you manners? 6. I do not throw my money away like madmen. 7. Unfortunately, it takes money to be respected. 8. The knight has always believed that women are unbearable. 9. After a long courtship and so many expenditures, I haven't even touched a finger of hers. 10. Do you like these earrings? They're yours.

II

ACT I, SCENES VI—XII

A. *Questionnaire.*

1. Com'è il Cavaliere con le donne? 2. Che pensa di lui Mirandolina? 3. Se il Cavaliere non andrà via, che farà il Conte? 4. Ha bisogno Mirandolina delle offerte di questo e del Marchese? 5. Chi è venuto a visitare il Conte? 6. Che vuol fare costui? 7. Che cosa pensa il Marchese del Conte? 8. Fanno male i regali? 9. Come non ha mai fatto ingiurie il Marchese a Mirandolina? 10. Che lo chiama questa e perché? 11. Che cosa piace alle donne? 12. Con chi si mette di picca Mirandolina? 13. Di chi si annoia presto? 14. Di chi si vuol burlare? 15. Perché grida il forestiere? 16. Perché vuol servirlo Mirandolina?

17. È dura con Fabrizio? 18. Dovrebbe esserlo? 19. Perché tratta bene i forestieri Mirandolina? 20. Chi scrive al Cavaliere? 21. Perche vanno maneggiando gli amici di costui? 22. Che non vuol per (tra) i piedi il Cavaliere? 23. Possono trattarsi il Marchese e il Cavaliere? 24. Qual è l'indole del Marchese? 25. Di che non ha paura il Cavaliere?

B. *Memorize the following sentences*:

1. Or ora lo licenzio.
2. La mia locanda non ha mai camere in ozio.
3. Si è dato l'incomodo di venire a trovarmi.
4. Io crederei di farvi un'ingiuria.
5. Dove posso, comandatemi.
6. Dirò uno sproposito.
7. Mi auguro di essere come lui.
8. Questo non fa per me.
9. È una cosa che mi muove la bile.
10. Egli non può veder le donne.
11. Non avrà trovato quella che sappia fare.
12. Le preme molto questo forestiere.
13. Certe cose non le posso soffrire.
14. Se li tratto bene, lo fo per mio interesse.
15. Mi piace fare a modo mio.
16. Non voglio donne per i piedi.
17. Finché son solo, mi basta meno.
18. Non ho mai mancato di parola.
19. Lei mi fa onore.
20. Non vuol bene a nessuno.

C. *Read aloud, changing the infinitive into present, future, imperfect indicative and past absolute*:

1. E per il denaro che lei *avere* a perdere, io *supplire*. 2. Egli *essere* un legatore di gioie. 3. I regali non *fare* male allo stomaco. 4. Sí che io lo *credere*. 5. Io *augurarsi* di essere nel suo stato. 6. Egli non *potere* vedere le donne? 7. Io *trattare* con tutti, ma non *innamorarsi* di nessuno. 8. A maritarmi io non ci *pensare* nemmeno. 9. Lei *volere* tenerla in isperanza. 10. I forestieri *andare* e *venire*. 11. Io *ricordarsi* di mio padre. 12. L'amico mi *seccare* peggio di tutti.

D. *Change into Italian*:

1. At least we can treat each other familiarly. 2. There is no danger that she will bewitch me. 3. Mirandolina certainly can tell a

stranger to go away. 4. She never has empty rooms in her inn. 5. I am going to see the jewel. 6. The Marquis is not happy the Count spends so much money. 7. Are women like you won over with gifts? 8. I must know what you can do. 9. The Marquis wants to marry her, but she doesn't want him. 10. Everybody is madly in love with Mirandolina. 11. She wants the knight to fall in love with her. 12. Nobility is not for her. 13. All her pleasure consists in being wooed by men. 14. She wants to serve the knight herself, but Fabrizio doesn't like this. 15. Does he believe she is a flirt? 16. Even though she isn't a flirt, she wants to do as she pleases. 17. Taccagni writes to the knight that a mutual friend has died. 18. This friend left a marriageable daughter with a large fortune.

III

ACT I, SCENES XIII—XIX

A. *Questionnaire.*

1. Qual è la prima stoccata che ha preso il Cavaliere? E la seconda? 2. Che cosa può dare il Marchese? 3. Qual è tutta la ricchezza del Cavaliere? 4. Di che ha paura? 5. Quanto voleva frecciare il Marchese al Cavaliere? 6. Preme a questo perdere uno zecchino? 7. Che gli preme di piú? 8. Che cosa dice Mirandolina entrando? 9. Di che lo supplica ella? 10. Che bastava al Cavaliere? 11. Per chi ha fatto quella biancheria la locandiera? 12. Per chi serberà le tele di Fiandra? 13. Che dice il Cavaliere di lei? 14. Che faccia ha egli? 15. Quando non s'incomoda Mirandolina? 16. Di chi ha paura la locandiera? 17. Che vuole che il Cavaliere mangi? 18. Che cosa pensa la locandiera del Marchese e del Conte? 19. Che piace al Cavaliere? 20. Scherza con gli uomini Mirandolina? 21. Che razza d'uomini dice ella di preferire? 22. Perché non ha voluto mai maritarsi? 23. Ha moglie il Cavaliere? 24. Perché ha premura di partire la locandiera? 26. Come fa con gli altri? 26. Perché prende la mano al Cavaliere? 27. Quali sono i passatempi di Mirandolina? 28. Perché le piace il Cavaliere? 29. Che potrebbe fare Mirandolina? 30. Che pensa di lei il Cavaliere? 31. Chi sono le due signore? 32. Che crede Fabrizio? 33. E circa i conti, con chi avrà da fare? 34. Come arriveranno i compagni? 35. Come son venute le due donne? 36. Che onore si darà Fabrizio? 37. Perché devono dare il loro nome queste donne? 38. Che è finito se danno il nome? 39. Come lo danno molti? 40. Che cosa spera Fabrizio?

B. *Matching idioms. Give the number of the phrase in the second column which corresponds to the letter in the first column:*

GROUP I

a. otto giorni
b. voler dire
c. senza complimenti
d. non m'occorr'altro
e. di mio genio
f. affare di premura
g. dar retta a
h. avere altro in testa
i. di cuore
j. per altro
k. a lei non tocca a
l. fare all'amore con

1. *to have other things to think about*
2. *to pay heed to*
3. *it's not for her to*
4. *to pay court to*
5. *I don't need anything else*
6. *moreover, furthermore*
7. *to my taste*
8. *important engagement*
9. *to mean*
10. *a week*
11. *without ceremony*
12. *cordially*

GROUP II

a. in quanto a ciò
b. or ora
c. come segue
d. valersi di
e. non ... che
f. ci vogliono tre giorni
g. avrà da far con me
h. entrare in un impegno
i. dar del tu
j. all'aria
k. basta cosí
l. esser di poco spirito

1. *only*
2. *to be faint-hearted*
3. *from their appearance*
4. *he will have to deal with me*
5. *to contract an obligation*
6. *to address familiarly*
7. *that's enough*
8. *to avail oneself of*
9. *as for that*
10. *shortly, just now*
11. *as follows*
12. *it takes three days*

C. *Tell which English phrase best translates the Italian:*

1. Otto giorni piú, otto giorni meno: a) *Eight days more, eight days less;* b) *A week more or less.* 2. Mi dispiace di vedervi scontento: a) *I am sorry to see you dissatisfied;* b) *I am displeased that you are a malcontent;* c) *I am displeased to see you discontented.* 3. Finalmente uno zecchino non mi preme di perderlo: a) *Finally, it is not urgent for me to lose a sequin;* b) *After all, it isn't important for me to lose a sequin;* c) *Finally, I don't care to lose a sequin.* 4. Mi piace la vostra sincerità: a)*I like your frankness;* b) *Your frankness pleases me;* c) *I am pleased by your frankness.* 5. Veramente ha una faccia burbera

da non piacergli le donne: a) *Surely, he has a surly face that doesn't please women;* b) *Truly he has a surly face that women don't like;* c) *Indeed he has such a surly face as not to like women.* 6. Guardimi il cielo: a) *Heaven guards me;* b) *Heaven forbid!;* c) *Look at Heaven for me.* 7. Cerchiamo di fare il nostro interesse: a) *We try to do what interests us;* b) *We look for what interests us;* c) *We try to do what is best for us.* 8. Il cielo me ne liberi: a) *Heaven free me;* b) *Heaven liberates me from it;* c) *Heaven forbid!* 9. Con lei posso trattare con libertà: a) *I can talk freely with you;* b) *I can trust her freely;* c) *She can treat me liberally.* 10. Bisogna secondare il lazzo: a) *The joke is a good one;* b) *We must favor the lazy man;* c) *We must play along with the game (joke).* 11. Ora viene il buono: a) *Good things will come now;* b) *This is going to be good;* c) *Now good comes.* 12. Guardate che bestialità: a) *Oh how stupid!;* b) *The guardians are bestial;* c) *Guard the beasts!*

IV

ACT I, SCENES XX—XXIII

A. *Questionnaire.*

1. Come parlano le comiche? 2. Che dice Ortensia a Mirandolina? 3. Che chiede questa? 4. Perché Dejanira ride del barone? 5. Con chi verrà egli? 6. Dove non sa fingere Dejanira? 7. La locandiera smaschera le due comiche? 8. Chi ama ella? 9. Che desidera Ortensia quando spende il suo denaro? 10. Che fa il Cavaliere quando vede donne? 11. Che domanda il Marchese? 12. Che cosa vuol seguitare a fare la locandiera? 13. Di che ha piacere il Marchese? 14. Che cosa tira fuori? 15. Ha buon gusto? 16. Perché piega con attenzione il fazzoletto? 17. A chi lo dona? 18. Di che ha voglia Dejanira? 19. Potrà mandare un bravo calzolaio il Marchese? 20. Perché non deve aver gelosia Mirandolina? 21. Il Conte, chi cercava? 22. Che vuole il Marchese che la locandiera faccia del fazzoletto? 23. Che dice ella fra sé? 24. Che regalo le fa il Conte? 25. A che servirà il regalo? 26. Di che si lagna il Marchese? 27. Chi invita le commedianti a pranzare? 28. In quale impegno è la locandiera? 29. Chi non può temer d'esser vinto? 30. Chi deve cadere a suo dispetto?

B. *Idiom Drill. Supply the proper form of the Italian expression required by the English:*

Non mi occorre nulla
porre in soggezione
esser pratico di

i fatti miei
gli vien da ridere
quanto prima

andare in collera
di cuore
in piedi
presto o tardi
a mio dispetto

voler dire
di garbo
credo di no
a suo bell'agio
per altro

1. Sooner or later, lo troverà.
2. È brutta quella donna? *I believe not.*
3. Sono stanchi di stare *standing*.
4. *Moreover*, lo farà.
5. Cadrò *in spite of myself*.
6. Poteva veder tutto *at his leisure*.
7. Leggo il libro *willingly*.
8. Dovrei *get angry?*
9. Grazie. *I don't need anything.*
10. Quella donna mi *awes*.
11. *He is familiar with* queste città.
12. Penso ai *my business*.
13. *He feels like laughing*.
14. Manderò il cappello *as soon as possible*.
15. Non so quel che *you mean*.
16. È un uomo *elegant*.

C. *Put the following into the plural*:

1. il suo merito
2. una dama cerimoniosa
3. una piccola mano
4. la giovane signorina
5. lo sproposito
6. l'altro marchese
7. l'amico mio
8. il signor cavaliere
9. il vecchio conte
10. la sua baronia
11. questo fazzoletto
12. il mio denaro
13. il marchese compito
14. il suo piacere
15. la mia bontà
16. la vostra protezione
17. la loro camera
18. il signor conte
19. l'umile contessa
20. la bella locandiera

V

ACT II, SCENES I—IV

A. *Questionnaire.*

1. Come tratta gli uomini il Cavaliere? 2. Quale camera è stata servita prima? 3. Che pensa di Mirandolina il servitore del Cavaliere? 4. Dove se n'andrà domani il Cavaliere? 5. Che ha detto la padrona? 6. Come ha fatto ella la salsa? 7. Che non si può negare?

8. Che stima in Mirandolina il Cavaliere? 9. Di che la ringrazia egli? 10. Che vuole egli dal servitore? 11. Dov'è il Conte? 12. Chi ha con lui? 13. Dov'è il Marchese? 14. Che onore domanda Mirandolina? 15. Che sanno fare le sue mani? 16. Che le dice il Cavaliere? 17. Che gli chiede Mirandolina? 18. Le piace il Borgogna? 19. Ha pranzato ella? 20 Che sembra al servitore? 21. Chi non vorrebbe Mirandolina che lo sapessero? 22. Che ammonisce il Cavaliere? 23. A chi non tocca il brindisi? 24. Il Cavaliere che non vorrebbe mutare? 25. Che vuol farsi cucinare ora? 26. Che verità dice il Cavaliere alla locandiera? 27. Che gli dice Mirandolina? 28. Che vuole, e perché? 29. Perché vuole ubriacarsi il Cavaliere?

B. *Give the plural of the following*:

il bel conte, povero sciocco, il bel cagnolino, l'avversione, il tondo, che prodigio, un certo riguardo, il buon cavaliere, questo piccione, la meglio, la generosità, l'altro bicchiere, questa mano, l'uomo distinto, l'uovo, quell'uovo, nel suo bicchiere, io tocco, l'odio, la sedia, lo spirito, il vino, io resti, quel nemico, la nemica, egli vale, il galantuomo, il vostro bell'occhio.

C. *Supply the proper Italian word or idiom required by the English*:

volentieri
dar da bere
essere obbligati
far torto
far piacere

alle volte
che c'è?
star a disagio
aver da fare
prima del solito

1. Glielo do *willingly*.
2. Tutto quel che essa mi dà mi *pleases*.
3. *He may be busy*.
4. *At times* egli non sa che fare.
5. Credo che egli le *is in debt*.
6. La settimana scorsa lo vidi *earlier than usual*.
7. Il mio padrone *will do injustice* a nessuno.
8. *What's wrong?*
9. Gli *will you give something to drink?*
10. Mi chiedo se egli *is ill at ease*.

D. *Matching expressions*:

a. è in tavola
b. far piacere
c. dar da bere

1. *to give something to drink*
2. *to make use of*
3. *to do an injustice*

d. far torto
e. stare a disagio
f. secondo lei
g. spicciarsi
h. servirsi di
i. far la zuppa
j. fare altrettanto
k. da suo pari
l. accorgersi di

4. *to do as much*
5. *according to her*
6. *to "dunk"*
7. *to hurry*
8. *as befits one's station*
9. *to notice*
10. *to be ill at ease*
11. *dinner is served*
12. *to please*

VI

ACT II, SCENES V—IX

A. *Questionnaire.*
1. Di che si rallegrerà il Marchese? 2. Che finge la locandiera? 3. Che reca al Marchese il servitore? 4. Che licenza chiede Mirandolina al Cavaliere? 5. Che cosa offre il Marchese? 6. Che pensano del vino di Cipro Mirandolina e il Cavaliere? 7. Che ne dicono al Marchese? 8. Dove sta il vanto della locandiera? 9. Qual è il vanto del Cavaliere? 10. Che cosa vuole il Marchese, e perché? 11. Che non ha ancora veduto il Conte? 12. Che brindisi fa il Marchese? 13. Di chi è geloso costui? 14. Chi principia a seccare il Cavaliere? 15. Che manda il Conte? 16. Che non vuole fare il Marchese? 17. Chi lo ha fatto impazzire? 18. Che specie di donna è Mirandolina? 19. Che cosa farà ella prima di andarsene? 20. Come pare il brindisi al Cavaliere? 21. Dove andrà egli? 22. Di che ha paura?

B. *From this list choose the correct translation of each underlined expression:*

to taste
long live
to make a toast
what do you think of . . .?
to be better
his business

foolish acts
to outdo
in the way
to drive mad
to go away
to make ill

1. Faccio un brindisi.
2. & 3. Vuol soverchiarmi, vuol provocarmi, per farmi far delle bestialità.
4. Non voglio assaggiar nulla.
5. Io faccio impazzire questi signori?

6. Il Cavaliere vuole andarsene.
7. Sto meglio, posso andare a casa.
8. Questi cibi mi fanno male.
9. Che Le pare di questo vino?
10. Attendeva ai fatti suoi.
11. Viva Bacco e viva Amore.
12. Che non venga piú tra i piedi.

C. *Complete each of the phrases in column I with the one from column II which logically continues it:*

1. Il signor Conte le manda
2. Un brindisi che
3. Almeno l'ho pagato
4. Voglio farvi sentire
5. Il Marchese avrà gelosia
6. Non m'importa di lui
7. Lodo chi sa
8. Questo non li
9. E son geloso
10. Ma lo fa
11. Comanda la frutta
12. No, anderò

a. un bicchierino di vin di Cipro.
b. fingere.
c. ubriaca certo.
d. come una bestia.
e. con tanta grazia!
f. in tavola?
g. a Livorno.
h. per tale.
i. una bottiglia di vino di Canarie.
j. mi ha insegnato mia nonna.
k. né poco né molto.
l. che siate vicina a me.

VII

ACT II, SCENES X–XIII

A. *Questionnaire.*

1. Perché è un carattere curioso il Marchese? 2. Come vorrebbe essere? 3. Le commedianti si divertiranno con lui? 4. Perché hanno fatto bene a scoprirsi al Conte? 5. Perché non potrà frequentarle il Conte? 6. Che pensano le comiche della locandiera? 7. Perché non potranno dirlo? 8. Che dicono invece? 9. Che dice il Conte del Cavaliere? 10. Che cosa intraprenderanno le due comiche? 11. Dov'è il Cavaliere? 12. Che ha promesso il Marchese a Dejanira? 13. Ne aveva bisogno ella? 14. Che cosa le offre il Conte? 15. Che vogliono sapere dal Cavaliere le due donne? 16. Che vuol costui? 17. Perché deve ascoltarle? 18. Perché se ne va il Conte? 19. Come tratta le due comiche il Cavaliere? 20. Che dicono esse? 21. Si scoprono? 22. Che vuol fare ora il Cavaliere? 23. Conosce l'arte delle commedianti egli? 24. Come chiama Ortensia e Dejanira? 25. Che altro dice di loro?

B. Complete each of the phrases in column I with the one from column II which logically continues it:

1. Bisogna che con lui
2. Mi vien da ridere
3. Oh, in materia di spirito
4. Ora ci siete,
5. Dubito che
6. L'ho veduto andar
7. Sarà meglio che
8. È uno che non
9. I nostri mariti
10. Qui ci saranno
11. Siamo due
12. Noi non siamo donne
13. Ha piú del contadino
14. Sono ben prevenuto
15. Signore, fuori di scena

a. sosteniate il carattere di dame.
b. che possano darvi ombra.
c. ci hanno abbandonate.
d. commedianti.
e. io non so fingere.
f. degl'impegni non pochi.
g. in favore dell'arte vostra.
h. che del cavaliere.
i. non farete niente.
j. la vorresti metter con noi?
k. può vedere le donne.
l. verso la cucina.
m. seguitiate a fingervi dame.
n. ora non ci siete.
o. quando i gonzi mi credono una signora.

C. Use the following expressions in short sentences, and then translate the sentences into English:

gli vien da piangere, può darsi, in confidenza, compiacersi, meravigliarsi, fare all'amore, aver caro, come si chiama?, dare ombra, far conto, far cenno, aver bisogno, aver paura, dar l'animo, recare incomodo a, affare di premura, voler dire, or ora, aver che fare, dar soggezione.

D. From this list choose the correct translation of each underlined word or idiom:

Just now
to be afraid
relatives
important engagement
to pay court to

what is the name?
to be surprised at
to pretend
what can I do for you?
I like

1. In che posso servirla, signore?
2. Si è innamorata di colui. Mi meraviglio di lei.
3. Come si chiama quella donna?
4. Si finge dama.
5. Di che ha paura egli?
6. Mi piacciono quegli intingoli.

7. È partito or ora.
8. Ho degli amici e ho dei parenti.
9. Egli dice di aver un affare di premura.
10. Il fare all'amore con le comiche non piace al Conte.

VIII

ACT II, SCENES XIV—XIX

A. *Questionnaire.*
1. Che ha trovato il Cavaliere? 2. Poteva strapazzarle cosí se erano due dame? 3. Ha potuto strapazzare Mirandolina? Perché no? 4. Di chi ha timore? 5. Che fa ora il Marchese? 6. Che sente nel partire il Cavaliere? 7. Che vuole il Cavaliere da Fabrizio? 8. Perché è una donna singolare Mirandolina? 9. Di che prega il Cavaliere Fabrizio? 10. Perché il Cavaliere vuole lí il conto? 11. Perché piange la locandiera? 12. Che importa il conto? 13. Che cosa non mette nel conto Mirandolina? 14. Che dice ella che è la cagione del pianto? 15. Come avrà patito ella? 16. Che cosa le dà il Cavaliere? 17. Allora che fa essa? 18. Che cosa non ha il Cavaliere? Perché? 19. Qual è il colpo di riserva delle donne quando gli uomini sono ostinati? 20. Con che torna il Cavaliere? 21. Che porta il servitore di questo? 22. Con che lo minaccia il padrone? 23. Rinviene la locandiera? 24. Che cosa dice il Cavaliere al Marchese e al Conte? 25. Che resta a Mirandolina per compiere la sua vittoria?

B. *Complete each of the phrases in column I with the one from column II which logically continues it:*

GROUP I

1. Ho trovato ben io
2. Ma è donna;
3. Denari non me ne cava
4. Quando sarà stracco di
5. Fa' che da qui a due ore
6. Le donne ci fanno del male
7. Tanto peggio per me
8. Non è meraviglia
9. Scrive e sa far di conto
10. Quel che io dono

a. anche quando ci vogliono far del bene.
b. siano pronti i bauli.
c. meglio di qualche giovane di negozio.
d. non lo metto in conto.
e. se restassi.
f. se anch'io cominciavo ad accendermi.
g. la maniera di farle andare.
h. aspettare, se n'andrà.
i. non me ne voglio fidare.
j. piú di sotto.

GROUP II

1. Quando gli uomini sono ostinati,
2. Avessi qualche cosa
3. Che fosse
4. Il Cavaliere
5. Spruzzandole l'acqua in viso
6. Andate al diavolo
7. Di quest'affronto
8. Se non te ne vai,
9. Via, cara,
10. Torna con

a. voglio soddisfazione.
b. fatevi coraggio, aprite gli occhi.
c. ti spacco la testa.
d. un vaso d'acqua.
e. il colpo di riserva delle donne è uno svenimento.
f. è divenuto pazzo.
g. dovrebbe rinvenire.
h. quanti siete.
i. innamorata di me?
j. per farla rinvenire.

C. Pluralize the italicized forms:

Example. Mi meraviglio di lui.

Reply in Plural. Ci meravigliamo di loro.

1. Ho trovato *io* la maniera di fa*rla* andare. 2. *Vada* dal Conte. 3. *È donna;* non *me* ne *voglio* fidare. 4. Quando *sarà stanco* di aspettare, se n'*andrà.* 5. *Fa'* che fra breve *sia pronto il baule.* 6. *La donna* ci *fa* del male anche quando ci *vuol* far del bene. 7. Tanto peggio per *me* se vi *restassi.* 8. In camera sua *c'è quel seccatore.* 9. *Ella scrive* e *sa* far di conto. 10. Quel che *io dono* non lo *metto* in conto. 11. *Avessi* qualche cosa per far*la* rinvenire. 13. *Sarà obbedita.* 13. Non *partirò* piú per ora. 14. Spruzzando*le* l'acqua in viso, *dovrebbe* rinvenire. 15. Via, *fatti* coraggio. 16. *Ti* spacco la testa! 17. *Apra* gli occhi. 18. *È divenuto pazzo.* 19. *Quello è il Suo conto.* 20. *È svenuta* per *lui.*

D. Sentence building. Complete each sentence to make it mean the same as the English sentence:

1. Let them go to the Count.
   .... dal conte.
2. I cannot trust her.
   Non posso ....
3. I must act like a man.
   Devo ....
4. He won't get any more money from me.
   Denari non ....
5. Two hours from now I'll be gone.
   ...., sarò via.

6. *So much the worse for me if I remained.*
   .... se restassi.
7. *No wonder if I too was beginning to fall in love.*
   .... a innamorarmi.
8. *If I only had something to make her come to.*
   Avessi ....
9. *She writes and can figure better than a shop-boy.*
   .... di qualche giovane di negozio.
10. *Could she be in love with me?*
    Che fosse ....?
11. *My dear, take heart.*
    Mia cara, ...
12. *Open your eyes.*
    ....
13. *Go, or I'll break your skull!*
    Va', o ....!
14. *By sprinkling water in her face, she should come to.*
    Spruzzandole l'acqua in viso, ...
15. *The knight has become mad.*
    Il Cavaliere ....

IX

ACT III, SCENES I—V

A *Questionnaire.*

1. Che cosa farà Mirandolina? 2. Perché chiama Fabrizio? 3. Che non è obbligato a fare costui? 4. Perché lo fa, ciò nonostante? 5. Che dice Mirandolina del povero sciocco? 6. Che porta il servitore del Cavaliere? 7. Come ha avuto la boccetta? 8. Perché ride la locandiera? 9. Per chi ha comprato il padrone la boccetta? 10. L'accetta Mirandolina? 11. Com'è divenuto il Cavaliere? 12. Che porta Fabrizio? 13. Che apprende? 14. Che dice fra sé? 15. Mirandolina si fa merito con Fabrizio? Perché? 16. Voleva venire a vedere Mirandolina il Cavaliere? 17. È soggetta agli svenimenti la locandiera? 18. Che dice costei che n'è stata la causa? 19. Perché chiama Fabrizio Mirandolina? 20. È vero che essa non prenda regali? 21. Dove getta la boccetta? 22. Che vuole da Fabrizio? 23. Come lo tratta adesso? 24. Che cosa le preme piú del Cavaliere? 25. Di chi ha gelosia questo?

B. *Use the following expressions in short sentences, and then translate these sentences into English*:

badare ai fatti suoi; per interesse; far bene; aver paura; a suo dispetto; fare a suo modo; in confidenza; che ha?; che c'è di nuovo?; saper fare; durar fatica; far torto a; con la coda dell'occhio; voler bene a; andare in collera; non poterne piú.

C. *Give the English cognate for each of the following*:

avarizia, modestia, augurio, adorabile, amabile, novizio, lamentevole, precipizio, educazione, nazione, formidabile, lodevole, sacrifizio, ufficio, credulo, osservabile, esercizio, pagabile, lacrimoso, vizio, servizio, irremovibile, pregiudizio, durevole, ragionevole.

D. *Change into Italian*:

1. I think I ought to attend to my business. 2. What kind of life is this? I can't bear it any longer. 3. You are not obliged to serve me in this. 4. The mistress of the inn does as she pleases. 5. She wanted the iron from her servant. 6. Is the man going to leave? 7. Is the phial gold or pinchbeck? 8. Take back this phial, and tell him I thank him. 9. I have never found a woman like her. 10. Prepare me another iron and when it's hot, bring it to me. 11. I did not want to come, but the devil dragged me. 12. If she wanted to, she could make him do any piece of foolishness. 13. Does she take gifts? 14. "I am not subject to fainting spells," she said. 15. Take it, or I shall get angry.

X

ACT III, SCENES VI—X

A. *Questionnaire.*

1. Quando volesse amare Mirandolina, si metterebbe con un cameriere? 2. Che cosa si fa cadere ella? 3. Perché non ne può piú il Cavaliere? 4. In che parte l'ha scottato Mirandolina? 5. Che farà il Cavaliere se verrà Fabrizio? 6. Perché il Cavaliere vuole esser compatito? 7. Che cosa prova egli? 8. Che non intende? 9. Che cosa non può essere? 10. Che dice il Marchese? 11. Si scusa il Cavaliere? 12. Che cosa vuole il Marchese? 13. Perché compatisce il Cavaliere egli? 14. Che cosa crede? 15. Che sogliono avere le donne? 16. Perché il Marchese prende la boccetta? 17. Che cosa vuole Dejanira? 18. Glielo vuol dare il Marchese? 19. Che cosa le dà invece, e perché? 20. Come la stima ella? 21. Di che si vergogna egli? 22. A chi non la deve far vedere Dejanira? 23. A chi la mostrerà invece?

B. *Use the following expressions in short sentences, and then translate the sentences into English*:

sul serio, far capitale di, non poterne piú, fare apposta, aver gelosia, meravigliarsi, aver soggezione, chiedere scusa, lasciare stare, far piacere, volerci, aver voglia, vergognarsi, ingannarsi, aver pratica di, far vedere.

C. *Find in the text the equivalents of the following phrases*:
1. to repeat 2. to do on purpose 3. to be afraid 4. to get angry 5. to apologize 6. in such a case 7. she is sorry 8. I like it 9. to follow 10. to be familiar with 11. to show 12. in spite of himself 13. in secret 14. to do an injustice 15. as befits your station.

D. *Change into Italian*:
1. Shall I put the iron on the fire? 2. One can see that you are in love with her. 3. Let's talk in earnest. 4. This is nothing. I have a bigger burn. 5. After all, the glass did not strike him. 6. I did not do it on purpose. 7. Excuse them; they're in love. 8. I swear to Heaven I'll make her repent. 9. Have they been ashamed to do it? 10. He is sorry to have a stain. 11. She has a secret to take away spots, but she must have a crown. 12. He did not want to give her the money; he gave her the phial instead. 13. The one who isn't familiar with gold is easily mistaken. 14. Please don't show it to Mirandolina.

XI

ACT III, SCENES XI—XVI

A. *Questionnaire.*

1. Che crede il Marchese? 2. Come aggiusterà la cosa? 3. Che cerca il servitore del Cavaliere? 4. Che ammette il servitore? 5. Che cosa si fa il Marchese se ricupera la boccetta? 6. Qual è la novità della locanda? 7. Chi coltiva Mirandolina? 8. Cosa ha fatto ella per il Cavaliere? 9. Cosa ha fatto ella per il Conte e il Marchese? 10. Che ha detto il servitore del Cavaliere a quello del Conte? 11. Perché vuol partire il Conte? 12. Chi trascinerà con sé? 13. Di quanto dice di essere arretrato il Marchese? 14. È la verità? 15. Come vuol rovinare la locanda il Conte? 16. Che va a fare subito il Marchese? 17. Di che comincia a pentirsi Mirandolina? 18. Che le convien fare? 19. Chi batte alla porta? 20. Chi aiuta Mirandolina? 21. Che dice ella? 22. Di che si è accorto Fabrizio? 23. Di chi deve ricordarsi la locandiera? 24. Chi picchia ancora alla porta? 25. Di che ha paura

Mirandolina? 26. Che dice Fabrizio? 27. Che vogliono fare il Marchese e il Conte? 28. Con chi l'ha il Cavaliere? 29. A chi non deve render conti costui? 30. Qual è l'opinione di Fabrizio? 31. Che risponde il Cavaliere?

B. *Use the following reflexive verbs in short sentences, and then translate the sentences into English:*

ridersi di, scordarsi di, lagnarsi di, mettersi, farsi, burlarsi di, vendicarsi, invaghirsi di, mancarsi, indiavolarsi, pentirsi, stancarsi, accorgersi di, ricordarsi di, avvedersi di.

C. *Find in the text the equivalents of the following phrases:*

1. I'll pay her for it   2. it's worth twelve sequins   3. to run after   4. to make fun of   5. just now   6. to repent   7. to do a favor   8. in secret   9. to help oneself   10. as soon as possible   11. to answer for   12. Who knocks?   13. in love   14. to approach   15. it's better   16. to get tired   17. I feel like   18. sometimes   19. to be afraid   20. my business.

D. *Change into Italian:*

1. I shall pay her for it as soon as I get some money.   2. The same thing would have happened if it had been gold.   3. Let him know in spite of himself the good qualities of this creature.   4. The Count can spend a great deal because he does not lack money.   5. The more one does the less one gets.   6. Making fun of us, women run after those who scorn them.   7. For him are the savory stews and for us tough beef!   8. How did you find it out?   9. Do not repent, Marquis, let's go away.   10. It's true I've had a good time having him run after me.   11. Who is knocking at the door?   12. Fabrizio does not feel like doing anything rash.   13. Must I answer to you for this?   14. You should be served only in things that are lawful and honorable.

XII

ACT III, SCENES XV—XX

A. *Questionnaire.*

1. Da che provengono le smanie del Cavaliere?   2. Ammette tutto il Cavaliere?   3. A chi deve render conto?   4. Perché il Cavaliere vuole la spada del Marchese?   5. Può servirsene?   6. Che ha dimenticato il Marchese?   7. Che grida Fabrizio?   8. Chi è stata la causa di questo fracasso?   9. Che nega il Cavaliere?   10. Che avrebbe voluto fare Mirandolina?   11. Che non può nascondere il Cavaliere?   12. Che dice

la locandiera? 13. Di chi è geloso il Cavaliere? 14. A chi vuol darsi Mirandolina? 15. Son contenti il Conte e il Marchese? 16. Che dice di sé Mirandolina? 17. Il Cavaliere la maledice? 18. Che meriterebbe ella? 19. Che cosa ha insegnato Mirandolina al Cavaliere? 20. È contenta la locandiera? 21. Per chi solo è ella? 22. Che è stato per lei l'innamoramento del Cavaliere? 23. Che è venuto a fare il servitore di questo? 24. Che cosa non vuole Mirandolina ora che si marita? 25. La prende Fabrizio? 26. Che devono fare il Marchese e il Conte? 27. Che dice Mirandolina che vuol cambiare? 28. A che devono pensare quelli che hanno veduto la commedia?

B. *Use the following expressions in short sentences, and then translate the sentences into English:*

vergognarsi, impicciarsi, aver soggezione, far fronte a, dar soddisfazione, per causa mia, ingannarsi, far capitale, a costo mio, fidarsi di, sin dove, andarne, non poterne piú, fingere di, sposarsi, ridersi di, riuscire di, trattenersi, altrui, in occasione.

C. *Give the English cognate for each of the following:*

accostare, difendere, comandare, cavaliere, servire, onore, sincero, innamorare, capitale, precipitare, costume, costo, caso, ricupero, pericolo, merito, sapore, atto, abilità, comico, doppio, segno, teatro, esempio, rendere, forzare, certo, gelosia, trionfare, tolleranza, protezione.

D. *Change into Italian:*

1. He took out the sword, but saw only half a blade. 2. The knight has become mad because of her. 3. If they are in agreement, they can get married. 4. I thought I could perform quite a feat if I could make a hater of women fall in love. 5. You don't know what you're saying. 6. Do you pretend not to know what is happening? 7. One can see in his eyes that he's in love. 8. Half a loaf is better than none. 9. She never needs a dowry. 10. Triumph for having humiliated me! 11. Know that you have tried my patience! 12. You deserve all my scorn, but I shall flee from your sight and not punish you. 13. She is lucky that he does not return. 14. It was a joke, I had nobody to order me. 15. I have no time to linger. 16. The mistress of the inn won't have any more such diversions.

VOCABULARY

This is not a complete vocabulary. From it we have omitted the following: 1) a number of very common nouns, adjectives, and verbs (e.g., *libro, padre, bello, grande, amare, capire*); 2) articles and numerals; 3) most simple pronouns; 4) many common adverbs, prepositions, and conjunctions; 5) finite forms of irregular verbs except for some past participles; 6) adverbs in *-mente* and superlatives in *-issimo* when the adjectives from which they are formed are listed; 7) augmentatives, diminutives, and pejoratives unless they have a special meaning; 8) some words similar in spelling but identical in meaning in both English and Italian. Interjections, most of which are given, are followed in the vocabulary by an exclamation point.

Idioms whose component parts are a verb and a noun are listed under the noun. Those formed by a verb and an adjective are given under the latter.

Gender is indicated in only some cases. It is not denoted for masculine nouns ending in *-o*, *-one* and *-ore*, for feminine nouns ending in *-a* and abstract feminines in *-ione* or for nouns whose gender is obvious from the meaning.

Words stressed on the antepenult bear an acute accent on the vowel of that syllable when it is *i*, *u*, close *e* and close *o*, a grave accent when it is *a*, open *e* and open *o*. Words stressed on the penult bear a grave accent on the vowel of that syllable if it is open *e* or open *o*. No accent is used in other cases unless the penult is followed by an unstressed *-io*. In denoting the quality of *e* and *o*, we have followed Florentine and not Roman usage although these do not differ in the vast majority of cases. The quality of intervocalic *s* is not indicated since in many words it is voiced in Florentine pronunciation but voiceless in Roman. As for *z*, it is voiceless in the vast majority of cases recorded in this vocabulary.

ABBREVIATIONS

a. adjective
adv. adverb
f. feminine
ind. indicative
inf. infinitive

m. masculine
n. noun
pl. plural
pp. past participle
pron. pronoun
subj. subjunctive

A

abbadare to mind, look after
abbasso down
abbàttere to overthrow; to bring down; to demolish; to dishearten
abborrire to abhor
abbruciare to burn; to inflame; to long for; to be consumed
àbito coat; dress, clothes
accadere to happen, befall, occur
accanto a near; beside, next to
accèndere to light, kindle; to inflame
accennare to indicate, point out, motion
acciò in order that, so that (*subj.*)
accomodare to settle, fix
accomodarsi to go right ahead; to be seated, be at home
accòrdo accord, pact, agreement; *d'—* in agreement
accòrgersi (*di*) to notice, become aware; to perceive
accortezza cleverness, shrewdness
accostarsi to approach, draw near
accréscere to increase, augment
acqua water; *— della regina* essence of rosemary
acquietarsi to calm down
acquistare to acquire
addirittura absolutely, quite
additare to indicate, point out, point at
addomesticarsi to grow tame, become sociable
adulare to flatter, fawn upon
affanno breathlessness; a n x i e t y, anguish; agitation
affare m. affair, business; matter
affaticarsi to toil; to weary oneself; to struggle hard
affatto quite, entirely
affettato affected, mannered
affètto affection, fondness, love
affronto affront, insult, outrage
aggiustare to adjust, arrange; to settle
aggradire to accept; to please
àgio ease, comfort; *a mio bèll' —* at my leisure
agire to act
aimè! alas!
albagía conceit; haughtiness
alcuno some, any; *non ...— no*, not ... any
allegro gay, merry, jolly
allestire to make ready, prepare
alloggiare to lodge, take lodgings
allòggio lodging
almeno at least
alterare to alter, change; to disturb, make angry, upset
alterezza haughtiness, pride
alto! halt! stop!
altrettanto as much
altri somebody, anyone else
altrimenti otherwise
altro other; *pron.* anything else; *pér —* besides, moreover; *senz' —* indubitably, unquestionably
altrúi of others; to others
amàbile amiable, agreeable, pleasant; lovable
ambasciata embassy; message
amicízia friendship
amico friend
ammaccarsi to get bruised; to become soiled
ammaliare to bewitch, charm; to enrapture
ammazzare to kill, slaughter; to be the death of
amore love; *pér — mio* for my sake; *fare all'— con* to pay court to
amoretto love affair
amoroso lovingly, tenderly
ampolla phial; *pl.* smelling-salts
ànimo mind, soul; courage; intention; *dar l'— a* to have a mind, intend (*l'—* is the subject)
ànimo! courage!
annoiare to bore, annoy
annoverare to enumerate, count, number
anzi rather, on the contrary
apparecchiare to set, prepare
appena hardly, scarcely, no sooner
appòsta (*a pòsta*) purposely, expressly
apprezzare to appreciate; to appraise, value, estimate
appunto precisely, exactly; *pér l' —* exactly, precisely
arcòva (*alcòva*) alcove
ària air, manner, appearance
arma, arme (*pl. armi*) arm, weapon
arretrato: èssere — to be in arrears
arrischiare to risk, venture
arrossire to blush
arròsto roast
arsura sultriness; drought; stinginess

arte f. art; guile
asciugare to dry, wipe
àsino ass, donkey
asprezza harshness, rudeness, gruffness
assaggiare to taste, relish
assài much; very
assalto assault
assicurare to assure
assicurarsi to assure oneself, make sure
attaccare to attack; to attach, harness, hitch
attaccarsi to attach oneself
attacco attack; sentimental attack
attèndere a to attend to, look after, mind
attenzione attention, care, regard
atto act, fact; *in — di* about to
atto apt, fit, suitable
attorno about, around; *méttersi — to* set about
augurarsi to hope, wish, look forward to
avanti before, forward
avanti che before (*subj.*)
avanzarsi to come forward, draw near, advance
avanzato left over
avere to have, possess; to get, obtain; *— da* or *a* to have to; *— che dire* to have to say; *che avete?* what's the matter with you?; *averla con* to refer to; to have it in for
avvedersi di to notice, perceive, realize
avventarsi to hurl oneself, rush
avventore customer, client
avvezzo (a) used (to), accustomed (to)
avvilire to humiliate, debase, degrade
avvisare to advise; to inform; to warn

B

Bacco Bacchus; *còrpo di B(b)acco!* by Jove!; *pér B(b)acco!* by Jove!
badare to mind, pay attention to, to care
bagatèlla (bagattèlla) trifle
bàlsamo balm
bambàgia cotton batting
barone baron; sharper
baronessa baroness
baronía barony; title of baron
barzelletta joke, jest
bastare to be enough, suffice
baúle m. trunk
benedire to bless

bensí rather; but; certainly
bere (bévere) to drink
béstia beast; fool
bestialità nonsense, (piece of) foolishness
biancheria linen, bed or table linen
bicchière m. glass
bile f. bile, irritation
biscottare to bake again; to toast
bisognare to be necessary, need, want
bisogno need; *avér — di* to need
bizzarría oddness; freak; caprice
bizzarro odd, whimsical; eccentric
boccetta small flask
bocconcino small morsel, bite
Borgogna m. Burgundy (wine)
borsa purse
bottega shop, store
bottíglia bottle
bràccio arm; ell (Florentine measure equivalent to 58 cc.)
bramare to long for, covet
bravo good, fine, clever
bravura skill; bravery; bluster
briccone knave, rogue, scoundrel
bríndisi m. toast
brío vivacity, spirit
bruscamente brusquely, rudely
buco hole
bue (pl. buòi) ox; beef
bugiardo lying, deceitful
búrbero gruff, surly
burlare to make fun of
burlarsi di to laugh at, make fun of
bussare to knock
buttare to throw, cast, hurl; to squander

C

càccia chase, hunt; *cane da —* hunting dog
cacciare to chase, hunt; to thrust; *— via* to send away
cacciarsi avanti to step up, come forward
cagione cause, reason
cagnolino lapdog, puppy
calamàio inkhorn, inkwell
calèsse m. calash (a low-wheeled carriage with folding top)
calzolaro (calzolaio more modern) shoemaker

cambiare to change
càmera room, chamber
camerière servant, waiter, valet
camminare to walk, to travel
cane m. dog; — *da càccia* hunting dog
cangiarsi to change, change one's tone
capace capable, able
capitare to come to, arrive; to happen
capo d'opera masterpiece
cappèllo hat
càpperi! by Jove! dear me!
capríccio fancy, caprice, whim; *cavarsi un* — to satisfy a whim
caràttere character
caricatura caricature, affectation, exaggeration
caro dear; expensive; *avér* — to value, esteem
casato surname; birth, origin
cascamòrto mawkish fellow; *fare il* — to make sheep's eyes, make desperate love
cascare to fall
caso case, happening; chance
castigo punishment
càusa cause; *pér* — *di* because of
cavalière gentleman, knight
cavare to take off, remove
cavarsi to get oneself out of; to satisfy
cèdere to yield, give way, submit
celare to conceal, hide
cénere f. ash, ashes
cenno sign; *far*—*a* to motion to, beckon to
cercare to seek, look for; — *di* to try to
cèrto certain, sure
cèrto adv. certainly, surely
ché for, since; in order that (*subj.*)
cheto quiet, calm; still, silent
chiave f. key
chícchera cup
ciarla talk, chatter (usually the *pl.*)
ciarlièra prattler, chatter box, gossip
cièlo Heaven, sky
cimentare to try, put to the test
ciò that
cioccolata chocolate
Cipro Cyprus
circa a as for, as to, concerning
civetta screech-owl; coquette; flirt
civiltà civility, courtesy
coda tail, queue; *con la* — *dell'òcchio* out of the corner of one's eye

cognome m. surname
còllera anger; *andare in* — to get angry
còllo neck
colpire to hit, strike
colpo blow, stroke, hit; — *di risèrva* coup de grâce
coltivare to cultivate
còmica actress
commediante actor, actress
còmodo comfortable
compagnía company
compagno companion; equal, like
compatire to regard with indulgence, pity, excuse, sympathize with
comperare = *comprare*
compiacere to please
compiacersi di to be pleased with, delight in
cómpiere to accomplish, fulfill, complete
compito accomplished, consummate, polite
complimento compliment; respects; ceremony; *far complimenti* to stand on ceremony
comune common
concètto concept; conceit; *avere in mal* — to disdain
condizione position, rank, profession
condotta conduct, behavior
condurre to lead, guide, conduct
confermare to repeat, confirm
confidènza confidence; familiarity; secret; *fare una* — to tell a secret
confóndersi to get confused, get perplexed, get embarrassed
confronto comparison; *méttere a* — *di* to compare with
conquassare to shake violently; to smash up, crush
conquista conquest
consegna delivery; register
conservare to keep, maintain
consístere to consist
consolare to console, comfort, relieve, soothe
contadino peasant
conte count
contèa county, dominion of a count
contegno behavior; dignity, reserve, poise
contèndere to contend, contest, dispute
contentarsi di to be satisfied with
contesa contention, strike, dispute

110

contessa countess
conto account, bill; *far — di* to consider; *rènder — di* to account for, answer for
contrastare con to struggle with; to vie with
convenévole proper
conveniènza propriety, decency
convenire to suit, be fitting, be proper, be necessary
copèrto cover, shelter; *méttere al —* to protect
còppa cup, goblet; suit of Italian cards
coràggio courage; *farsi —* to take heart
còrpo body; *— di B(b)acco!* by Jove!
córrere to run; *— diètro* to run after
correttore corrector
corrispondènza correspondence, reciprocal feeling
corte f. court; *far la — a* to pay court to
corteggio retinue, cortege; (here) court
cortesía courtesy, politeness
cospètto presence, appearance; *— del diàvolo!* the dickens!
cospètto di bacco! good Heavens!
costanza constancy
còsto cost; *a — di* at the expense of
cotanto such, so much, so
còtto, pp. of *cuòcere,* cooked
creanza breeding, politeness, good manners
crédito credit, trust; good will; *tenere in —* to maintain good will
crepare to burst; to die, "croak"
crudèle cruel
cucina kitchen
cucinare to cook
cuòco cook
cuòre m. heart; *di —* heartily, cordially, gladly
custodire to keep, guard, take care of

D

dama lady
danno damage, harm; loss
dare to give, bestow; to fall; *— del* to call; *darsi* to happen to be; *può darsi* it may be
davvero indeed, really
dèa goddess
débole m. weakness

debolezza weakness
decòro decorum, decency, dignity
degnare to deign, pay attention to
degnarsi di to deign, condescend; to be pleased to accept
degno di worthy of
delíquio faint, swoon
denaro money
dettare to dictate
diamante m. diamond
diàmine! the deuce! the dickens!
diàvolo d e v i l; *che — ?* what the deuce?; *fare il —* to raise the devil, try deucedly hard
dichiararsi to declare onself
diètro after, b e h i n d; *andar — a* to follow
difètto defect, fault
differènza difference; *passare una —* to be a difference
dilettarsi di to delight in, take pleasure in
dimostrare to demonstrate; to show
disàgio inconvenience, trouble; *stare in —* to be ill at ease
discórrere to talk, chat, converse
disgustare to disgust, displease; to vex, make angry
disimpegnare to disengage, release, excuse
disingannare to undeceive, disenchant
disinvoltura ease, simplicity of manners, nonchalance
disparte: in — aside, apart
dispensare to dispense, excuse, distribute
dispètto spite; *a suo —* in spite of himself; *a suo màrcio —* in spite of himself
dispiacere m. displeasure, regret; *avér — to* mind
dispiacere to displease; *mi dispiace* I am sorry
disporre to dispose
disprezzare to despise, contemn, scorn
disprezzatore despiser, hater
disprèzzo contempt, scorn
disputare to quarrel, dispute, debate, discuss
distínguere to distinguish
distinzioni distinctions, favors, courtesies; *usar —* to show courtesy
disturbo trouble, bother

dito (*pl. le dita*) finger; bit
divertimento amusement, pastime, fun
divòto devoted, faithful
dolcezza sweetness; mildness; grace, gentleness
dolersi to complain, be sorry, regret
donare to give, make a gift, present, bestow
donativo gift, present, gratuity
dóppia doubloon
dóppio double, twice as much
dòte *f.* dowry
dovere *m.* duty
dovunque everywhere, wherever
dúbbio doubt; *méttere in —* to cast doubt upon
dubitare to doubt; to fear; to worry
dunque then, therefore; well then
durare to last, continue
duro hard; harsh; cruel

E

eccellènza Excellency
ehi! here, I say!
émpiere, empire to fill
entrare *in* to enter; *entrarci* to have something to do with
eppure and still, and yet, notwithstanding
erède heir, heiress
esibire to exhibit, display; to offer, proffer
evviva; hurrah!

F

faccènda affair, work, duty; matter; *faccènde di casa* chores, household duties
fallare to err, mistake
fanciulla girl
fare to make, do; *farla a* to put one over on, take in
fastídio trouble, weariness; *dar — a* to worry, annoy
fatica fatigue; labor, work, toil; *durar —* to work hard, have a hard time
i fatti suòi his business, his affairs
fattore steward, overseer; *— di campagna* land agent

fattucchieria witchcraft, sorcery
favorire to favor; to be good enough, be so kind
fazzoletto handkerchief.
febbre *f.* fever; *una — quartana* a quartan fever (one recurring every fourth day)
fedeltà fidelity, faithfulness; loyalty
fémmina woman, female
fermarsi to stop, pause, linger
fèrro iron
fiamma flame
Fiandra Flanders; *di —* Flemish
fiasco flask, bottle
fico fig; *valere un —* to be worth a straw (plug nickel)
fidarsi *di* to trust, place one's trust in
fidato faithful, trusted
finché till, until; as long as
finezza courtesy, politeness, favor
fíngere to feign, pretend, make believe
finto, *pp.* of *fíngere*, feigned, false
finzione pretense; sham, imposture
Firènze Florence
flussione fluxion
fòdero sheath, scabbard
fòglio sheet
fondamento ground, foundation, basis
fontana fountain
forca, fork; gibbet; hussy
forchetta fork
forestière (*forestièro*) stranger, guest, new lodger
fornimento supply, provision; outfit; piece; mate
fortezza strength, fortitude
fòrza force, power; *far —* to make an effort, try
fra between; among
franchezza frankness, openness
frasca bough; fickle woman
frattanto meanwhile, in the meantime; *— che* while
frecciare to shoot an arrow; to fleece
frèmere to shudder; to fume
fresco fresh, cool; *star —* to be in a fix
fretta haste, hurry
fronte *f.* forehead, brow; *far — a* to face
frutta fruit
fuggire to flee, run away
fuggírsene to flee, run away
fumo smoke

funèsto fatal; lamentable, distressing
fuòri out, outside; *èsser — di sé* to be beside oneself
furbería slyness, craftiness; wile
furbo cunning, sly, crafty, wily
fúria fury, rage; *sulle fúrie* furious, in a rage

G

galante elegant
galantería delicacy; trinket
galantuòmo gentleman, h o n e s t man; (here) my good man
galeòtta small galley; hussy
garbato graceful, genteel, polite, gracious
garbo grace; *di —* polite, courteous
gelosía jealousy; punishment
geloso jealous
gènere m. kind, sort, class
gènio genius; humor, taste; pleasure, inclination; *dar nel —* to please
gentile kind, polite, courteous
gentilezza kindness, politeness, courteousness
gèrgo slang
già already; yes, of course; anyway
giocoso jocose, humorous, comical
giòia jewel
gioiellière jeweller
gioièllo jewel
giovare to be of use, help
giudicare to judge, deem
giudízio! beware! take care! be careful!
giuocare to play; to wager, bet
giurare to swear
goccia drop
godere to enjoy, take pleasure in, delight in
gola throat
gonzo fool, simpleton, blockhead
gradasso braggart, bully
gradire to accept, be pleased to accept; to please
grado degree; dignity, rank, grade
gràzia grace, charm, favor; *in —* please
gràzie thanks, thank you
grembiale m. apron
gridare di to complain about
guàrdia guard; hilt
guarire to cure, recover

guastare to spoil
gustare to taste; *mi gusta* I like
gusto taste; *dar — a* to please

I

illustríssimo Your Lordship; most illustrious
imbrogliare to entangle; to confuse; to embroil
imbrogliarsi to get confused, get mixed up
impazzire, impazzare to go mad, drive mad, lose one's mind
impedire to prevent, stop, hinder
impegnarsi to pledge oneself; to bet, wager
impegno pledge, obligation, debt; diligence, zeal, care; *èssere in — di* to be determined to
impèrio authority; imperiousness
impicciarsi to meddle with, interfere, become involved
importare to be important, matter; to amount to, come to
importuno importunate
impresa undertaking, task
incamminarsi to set out, make for; to start forward
incantare to enchant, charm
incapace incapable, unable
incatenare to enchain, shackle; to captivate, enthrall
inchinarsi to bow, greet, salute
incógnito unknown
incomodarsi to disturb oneself, put oneself out
incòmodo t r o u b l e, inconvenience; *levar l'— a* not to trouble any longer (a stock form of leave-taking)
incontro meeting, encounter; pinch
indegno unworthy; contemptible
indiavolato possessed; furious
indiètro back, behind
indiscretezza indiscretion; impertinence
índole f. character, nature, temperament
indovinare to guess
infausto ill-omened, unlucky, baleful
infermità weakness, infirmity
ingannare to deceive
ingannarsi to deceive oneself; to be mistaken

ingannatore deceitful
inganno deception, deceit
ingegnarsi to exert oneself, strive; to manage
ingelosirsi to become jealous
ingiúria wrong, insult, affront
ingiuriare to insult
ingrato ingrate; as *a.* ungrateful
innamorare to fill with love, enamor
innamorarsi (di) to fall in love (with)
innamorato in love; — *perdutamente* desperately in love
inquietare to make uneasy, worry, alarm
insinuarsi to ingratiate oneself
insopportàbile unbearable, insufferable
insudiciare to soil, dirty
intanto meanwhile, in the meantime
intèndere to understand; to hear; to mean; to conceive
intèndersi di to be a good judge of, be a connoisseur of
interèsse m. interest, personal interest
intíngolo ragout, stew
invaghirsi to fall in love
invaghito in love
invece instead
ira anger, wrath
irato irate, angry

L

làccio snare, trap
làcrima (làgrima) tear
lagnarsi di to complain of
lama blade
lana wool; *buòna —* scamp, rogue
languènte languid; tender
largo wide, broad; *alla larga* away with them, stand clear of them
lasciare to leave; to allow; let; to stop, cease *(di + inf.)*; — *córrere* to overlook, let things slide; — *stare* to let be
lavare to wash
lavatura washing; dish-water; dripping
lazzo buffoonery, jest, joke, skit
leccare to lick
lécito lawful, allowed
legare to bind, tie; to set (jewels)
legatore bookbinder; setter of jewels
lenzuòlo sheet
lesso boiled meat

levare to raise, lift up; to take away, remove
liberare to deliver, free, liberate; *il cièlo me ne líberi!* Heaven forbid!
líbero free; *alla líbera* freely
libertà freedom; *con —* freely
licènza licence, permission
licenziare to dismiss, discharge, send away
límite m. limit
linguàggio language
liquore liqueur, cordial
litigante litigant
Livorno Leghorn
locanda inn
locandièra innkeeper, mistress of an inn
lodare to praise, laud, commend
Londra London
lontano far, distant
luna moon
lunàtico crazy; capricious; moody
luògo place
lusinga flattery; allurement; soft words
lusingare to flatter, wheedle; to allure, entice, lead on
lusinghièro flattering, deceitful, wheedling

M

màcchia spot, stain
macchiare to spot, stain
macigno boulder, stone
malandrina rascal, rogue; hussy
male m. ill, illness; trouble, wrong; *far — a* to hurt, harm, upset; *far del — a* to harm
maledire to curse; *maledetto* confounded rascal, wretch
malízia malice; cunning, shrewdness
malnato ill-born, ill-bred
mancare to lack, need, want, miss
mància tip
manco not even; less; — *male* so much the better
mandare a chiamare to send for
mandare a male to ruin, spoil
maneggiare to handle; to deal; to make maneuvers
manièra manner, way; behavior; *in — che* so that
mantenere to keep, preserve

114

marchesato marquisate, domain of a marquis
marchesa marchioness, marquise
marchese marquis
maritarsi to marry, wed
marito husband
matèria matter; *in — di* as regards, on the subject of
mattina morning
meco = con me
medésimo same; himself, etc.
medicamento medicine, remedy
melissa: spírito di — melissa water (a cordial)
mendace mendacious, false
mentire to lie
mentita lie
mentitore liar
meravigliarsi di (*maravigliarsi di*) to be astonished at, be surprised at
meritare to merit, deserve
mèrito qualities; value, worth; merit
meschino wretched; poor
mese m. month
mestamente sadly, gloomily
méttere to place, put; to compare
mèzzo half; *di —* middle
minacciare to threaten, menace
minèstra soup
mínimo least
mirare to look at
misèrie umane human failings
mistèro mystery
mòda fashion, style; vogue, mode
mòdo manner, way; means; *fare a suo —* to have his (her) way
moglie (*pl. mogli*) wife
moneta coin, c h a n g e; *pl.* money; wealth; coins
mostra show, display
mozzo broken off
muòversi to move
mutare to change, alter, modify

N

Nàpoli Naples
narrare to narrate, relate, tell
nàscere to be born; to arise, happen
nascóndere to hide
nascóndersi to hide
naturale m. temper, disposition, nature

navicèllo boat, packet
neanche not even
negare to deny
negòzio shop, store; business, affair
nemico enemy, foe
nemmeno not even
nèttare m. nectar
niènte: non . . . — nothing, not . . . anything; *— affatto* nothing at all, not at all
nòbile noble, of noble blood, refined
nobiltà nobility
nome m. name; *avér —* to be called, be named
non . . . che only
nonostante (*non ostante*) notwithstanding
nòto known
novità novelty, news; sudden change, strange behavior
núbile unmarried girl, marriageable
nulla: non . . . — nothing, not . . . anything
nuòvo new; unusual, strange

O

obbedire to obey
obbligare to compel, force; to oblige, put in one's debt
òcchio eye; *guardar di buòn —* to look upon favorably; *a quattr' òcchi* face to face, privately
occorrènza emergency, need
occórrere to be necessary, need, want
òdio hatred; *avere in —* to hate
odorare to smell
odore odor, aroma, smell
offerire to offer
offèrta offer
offízio duty (variant of *uffízio*)
offrire to offer
ognuno everyone, everybody
oibò! oh, no! certainly not
oimè! alas! oh, dear!
oltre besides, in addition to; *piú —* further
ombra shade, shadow; *dare — a* to give umbrage to, make suspicious
onestà modesty, honor
onestamente honorably, respectably
onorato respected, honored

onore honor
operare to work, act
ora now; *pér* — for the time being, for the present; *ór* — just now, shortly
ordinare to order
orecchino earring
orecchio, orecchia ear
oréfice goldsmith
òro gold
orso bear
orsú! well then! come on!
osservare to observe, look at
ostinato obstinate, stubborn
òzio idleness, inaction; *in* — idle, free

P

pace f. peace, peace of mind
padrona mistress, landlady, hostess
padroncina mistress, charming young mistress
padrone master, boss
padrone a. free, free to do what one pleases
paesano fellow-townsman
paese m. country, land; village
pagarla a to pay for
palermitano from Palermo (Sicily)
panière m. basket
pàolo a Tuscan coin worth a few cents
parecchi several
parènte relative
parere m. opinion; mind; advice
parere to seem, look, appear; *che vi pure?* what do you think?
pari m. equal; peer
paròla word; *mancar di* — to break one's word
parte f. part, rôle; *pér* — *mia* on my behalf
parzialità partiality
passatèmpo pastime, diversion, recreation
passeggèro passenger; lodger
passeggiare to walk, walk about
pasteggiare to eat at table
patire to suffer
pàtria home, home town
patto pact, terms
paúra fear; *avér* — *di* to be afraid of
pazzía madness, insanity; folly

pazzo madman, lunatic; fool; as *a.* mad, insane, crazy
peggiorare to get worse
penare to suffer, be in pain
pentirsi di to repent of
perché why; because (*ind.*); in order that (*subj.*)
perdonare to pardon, forgive
perícolo danger, peril; jeopardy; risk
perméttere to permit, allow; *è permesso?* may I come in?
personàggio character
peso weight
pèzzo piece; morsel
piacero m. pleasure; favòr
piacere to please; *ci piace* we like
piàngere to weep, cry
piano softly, in a low voice
piatto plate, disk
picca pike, spear; pique, tiff
picchiare to knock, rap
piccione m. pigeon
piede m. foot; *in pièdi* standing; *pér i pièdi, tra i pièdi* in the way
piegare to fold
pièno di full of
pietà pity, mercy
pietanza dish (of meat)
pigliare to take, seize, catch
piuttòsto rather, sooner
placidezza placidity, calmness
pollastro pullet, chicken
porchería dirt; rubbish, trash
pòrgere to hold out, give
posata cover
pranzare to dine, have dinner
pranzo dinner
pràtica practice; routine; *avér* — *di* to be familiar with
praticare to practice; to associate with, frequent
pràtico di familiar with
precipitare to precipitate, rush; to do something rash
pregare to pray; to beg, entreat
pregiudicare a to prejudice; to damage
prèmere to press, squeeze; to matter, concern; to urge, be urgent
premura haste, urgency; *avér* — to be in a hurry; *un affare di* — an important engagement
prèsso a near

prèsso di with
prestare to lend
prèsto soon, quickly; *o — o tardi* sooner or later
presuntuoso presumptuous
pretèndere to claim, pretend to; to affirm; to demand; to contend
pretensione claim; pretension; affectation
pretèsto pretext, excuse
prevalersi di to take advantage of, avail oneself of
prevenire to anticipate, forestall; to prevent; to prejudice
prevenzione preconception, prejudice
prezioso precious; excellent
prima before; first; *quanto — as soon as possible*
prima che before (*subj.*)
principessa princess
principiare to begin
procèdere m. conduct, behavior
procèdere to proceed
prodezza feat of prowess, feat of bravery; achievement
prodotto, pp. of produrre, produced
produrre to produce; to yield, bear
profittare di to profit by
prométtere to promise
prontezza readiness, promptness, quickness
propòsito purpose, object, intention; *a — di* speaking of
propriamente properly, exactly
prosciugarsi to get dried
protèggere to sponsor, support, protect
protettore protector, sponsor
provare to try, test; to feel, experience; to prove
provarsi to try, make an attempt
provenire to come from; to proceed; to derive; to originate
provocare to provoke, arouse
provvedere to provide, supply, furnish
pugnale m. poniard, dagger
pulito clean, tidy, neat
pulizía cleanliness, tidiness, neatness
puntíglio point of honor; spite, pique
punto point; moment; place
pure yet, still; indeed; also, even, too; (with the imperative) do, go ahead
pur tròppo only too well, unfortunately

Q

qualche some, a few
qualunque whatever, any
quanto how, how much; *in — a* as for, as to; *— prima* as soon as possible
quasi almost, nearly
quattrini money
quiète f. quiet, rest, peace of mind

R

ràbbia rage, fury
raccomandarsi to implore, entreat
racconto story
ragione reason; *avér — to be right*
rallegrarsi di to be glad of, rejoice in
rammaricarsi to grieve, regret; to fret
rango rank, degree
rapire to carry off, steal; to ravish; to kidnap
rappresentare to represent, play
rattristarsi to become sad
recare to bring; to fetch
rècita performance
regalare to give presents, make gifts
regalo present, gift
regolarsi to conduct oneself, behave
rete f. net; snare
rètta: *dar — a* to pay attention to, heed
ricchezza, ricchezze riches, wealth
ricercare to seek out, look into, pry into
ricompènsa recompense, reward
ricordarsi often di to remember
ricuperare to recover, take back
ricusare to refuse, reject
rídere to laugh
rídersi di to laugh at, make fun of
ridícolo ridiculous; *méttere in —* to ridicule, hold up to ridicule
rifinito exhausted; penniless
riguardo regard; respect, consideration
rimandare to send back
rimessa shed; replacement; remittance
rimòrso remorse, pang
rimpròvero reproach, scolding; *dare un — a* to reprove, rebuke
ringraziare di to thank for
rinvenire to revive, come to
riporre to replace, put again; to put away

117

riscaldarsi to get warm; to get angry, get excited
rischio risk
riso rice
risòlvere to resolve; to solve
rispettare to respect, esteem
rispètto respect; portar — to show respect
ristorarsi to partake of refreshment, to refresh oneself, to take food, to take as a tonic
ritardare to delay, defer; to be late
ritirarsi to retire, retreat, withdraw
ritrovare to find; to find again
riuscire a (riuscire di impersonal) to succeed in; to result, turn out to be
riverènza bow, curtsy
riverire to honor, revere; to pay one's respects, bid good-bye
ròba material, stuff; goods; victuals; things
rotta course, route; — di còllo at breakneck speed, headlong, to ruin
rovinare to ruin
rozzo coarse, uncouth
rumore noise
ruòlo list
rústico rustic, uncivil, boorish
rúvido rough, rude; harsh; coarse, uncouth

S

sala hall, public room, dining room
salsa sauce
salto jump, leap, bound; in un — all at once
salute f. health
salvietta napkin
sangue blood
sapore taste, relish, flavor
saporito savory, tasty
sàtiro satyr, wild man
sàvio wise, discreet, sensible
sbrigare to dispatch, expedite; to leave free
scacciare to drive out, expel
scaldare to warm, heat
scappare to escape
scarpa shoe
scaturire to spring, gush out, issue; to flow

scellerato villain, scoundrel, wretch
scherzare to jest, joke
scherzo jest, joke
schiattare to burst
schiavo slave
schiètto frank, open, straightforward
sciocchería foolishness
sciòcco fool
scioltezza freedom, ease, fluency
scomméttere to bet, wager
scomporre to break up; to trouble, upset
sconoscènte ungrateful
scontènto discontented, unhappy
scoprirsi to show oneself, reveal one's identity
scordarsi (usually di) to forget
scòrno shame, disgrace
scostarsi da to draw away from
scottare to burn, scorch
scottatura burn
scrúpolo scruple
scudo crown (coin)
sdegno indignation
sebbène although
seccare to dry; to bore, annoy
seccatore bore, "pest"
seco = con sé
sèdia chair
segno sign; extent
seguire to follow, go after; to accompany, to ensue
seguitare to pursue; to continue, persist
selvàtico wild, savage, boorish
sémplice simple; bare; mere
seno bosom, breast
serbare to keep, preserve
serietà seriousness, gravity
sèrio serious, grave, earnest; sul — in earnest
serrare to shut, lock
servire to serve; to be of use; in che vi posso — ? what can I do for you?
servirsi di to make use of
servitore servant
servízio service
sèrvo servant
sèsso sex
seta silk
sfidare to defy, challenge
sforzare to strive; to force, force open
sguaiato gross, coarse, vulgar; mawkish
sí yes; so; crédere di — to believe so

siccome as, since
sicurezza security, safety
sicuro sure, certain; as *adv.* of course
signoría lordship; ladyship
símile similar, equal, alike; such, such as
simpatía sympathy; liking, inclination
sinché until
singolare singular, remarkable
sino until, till, up to; as far as; *sin dove* how far
smània craze, rage; fuming; tantrum
smaniare to rage, storm, be in a fury
smòrfia grimace; *pl.* affected ways
soccórrere to aid, assist, rescue
soccorso, pp. of *soccórrere*, rescued, revived
soddisfazione satisfaction
sofferènza patience, tolerance
soffrire suffer, endure, put up with
soggètto a. subject
soggezione subjection, shyness, constraint; *avér —* to be afraid; *dar* or *porre in —* to inspire with awe or respect; *tenere in —* to embarrass
sòldo soldo, sou, cent; *sòldi* money
solere to be wont, be accustomed
sòlito, pp. of *solere,* wont, accustomed; as *a.* usual, customary
sollécito prompt, quick
solo alone; single; lonely
somaro ass, donkey
sopraffino superfine, exquisite
sorprèndere to surprise, astonish
sòrta sort, kind, quality
sòrte (now *sòrta*)
sospettare to suspect
sospètto suspicion
sospirare to sigh
sospiro sigh
sostenere to uphold, support; to maintain, contend; to play (a part)
sostenuto reserved, distant, aloof
sottocòppa saucer
soverchiare to overcome, surpass, outdo, exceed, surmount
spaccare to break, split, crack
spada sword; spade (cards)
spasimante wooing, ardent; as *n.* ardent wooer
spasimare to be smitten, be desperately in love
spasso amusement, pastime, diversion

spècie f. species; kind, sort; *fare — a* to astonish, surprise
sperare to hope, hope for, expect
spesa expense, expenditure
speziale druggist, chemist
spiantato penniless fellow
spicciarsi to make haste, hurry
spiegare to unfold, display; to explain
spírito spirit, mind; wit; courage
spòsa spouse, bride
sposare to give in marriage; to marry
sprezzare to despise, scorn
spropòsito nonsense, absurdity, rash act
spruzzare to spray, sprinkle
squisito exquisite; delectable
stancarsi to get weary, grow tired
stanco weary, tired
stare to be, stay, remain; *— lí lí pér* to be just about to; *— mèglio* to feel better; *— al di sopra* to be above
stile m. dagger, stiletto
stima esteem, respect, regard; *fare — di* to have respect for, have regard for
stimare to esteem, value, regard
stirare to iron
stoccata thrust; demand for money
stomacare to sicken, nauseate, disgust
stracciare to tear
stracco tired, weary
stracòtto overdone, overcooked
straordinàrio extraordinary
strapazzare to maltreat, ill-treat, chide, abuse
strapazzo fatigue; toil; insult
strappare to tear out
stravagante extraordinary, peculiar; striking
stregamento spell, witchery
stregare to bewitch; to charm, cast a spell
strepitare to clamor, fuss
strèpito noise, uproar
súbito quickly, at once, immediately
succèdere to happen
sudare to sweat, perspire
superare to surpass; to overcome, surmount; to outdo
supèrbia pride
supèrbo proud, haughty, arrogant
supplicare to beg, entreat, supplicate
supplire to replace, make up for
svenimento fainting fit, swoon
svenire to faint, swoon

T

tale such, like
tanto so much, so; *tant'è* in any case, in any event, anyway
tasca pocket
tàvola table
tela linen, cloth, canvas
temeràrio rash fellow, insolent fellow
temere to fear
temerità temerity, rashness
tenerezza tenderness, affection
tènero tender, cordial
tentare to try, attempt; to tempt, allure
tèrra earth, world; ground
tesòro treasure
tèsta head; mind; *andare* (or *dare*) *alla —* to go to one's head
testolina pretty little head; giddy-pate
timore fear; *avér —* to fear
títolo title
toccare to touch; to concern; *a me non tocca a* it's not up to me to
tolleranza tolerance, toleration
tondo dish, plate
tornare to come back, return; *— a dire* to say again, repeat
tòrto wrong, injury; *far — a* to wrong, do injustice to
toscano Tuscan
tòsto soon, quickly, at once
tra between; among
tradire to betray; to deceive
trascinare to draw, drag
trattamento treatment; accommodations
trattare to treat, discuss; to deal with, associate with, be in the society of
trattenere to hold back, stop
trattenersi to stay, remain, linger
trattenersi con to stay with; to dally with
trattenersi dal to refrain from
tratto extent; tract, space; way, manner, behavior
trionfare to triumph
trionfo triumph
turare to stop, plug, cork
turbato disturbed, troubled
tutto all, everything; *del —* altogether; *tutti e due* both

U

ubriacarsi to get drunk
ufficio office; duty
último last
úmile humble
único only, sole
unitamente jointly
uòvo (*pl. le uòva*) egg
uso use; *fare — di* to make use of, employ
útile n. m. profit, gain

V

V.E. = Vòstra Eccellènza
V.S. = Vòstra Signoría
vagheggiare to long for; to woo, court
valere to be worth
valersi di to avail oneself of
vantàggio advantage, profit
vantarsi (*di*) to boast, brag
vanto brag, boast
vàrio various, sundry, divers
vedere to see; *far —* to show
venale venal, mercenary
vendicarsi to avenge oneself, take revenge
Vènere Venus
venire to come; *mi vièn da* I feel like
verbigràzia for instance
vergogna shame
vergognarsi to be ashamed
versare to pour, pour out
vèrso means, way; side
vèrso prep. toward
veruno no, some, any; *non . . . —* no, not . . . any

vestire to dress, clothe; to put on, wear
vezzo charm, wile, attraction
vezzoso pretty, charming
vicendevolmente mutually, reciprocally
víncere to win, vanquish, overcome
vino wine
viso face, visage
vittòria victory
vivanda dish, food; viand
vívere to live; *il — del mondo* the ways of the world
vòglia desire; *avér —* to feel like
volentièri willingly, gladly
volér bène a to like, cherish, be fond of
volerci (used in 3rd pers. only) to take, require
volér dire to mean
volontà will; desire
vòlta time; *qualche —* sometimes; *alle vòlte* at times; *piú vòlte* many times
voltarsi to turn

Z

zecchino sequin (an old Italian coin)
zitto! be silent! hush!
zuppa soup; *far la —* to make a sop, "dunk"